Alegraos y regocijaos
GAUDETE ET EXSULTATE

EXHORTACIÓN APOSTÓLICA

Francisco

EXHORTACIÓN APOSTÓLICA

GAUDETE ET EXSULTATE

DEL SANTO PADRE

FRANCISCO

SOBRE EL LLAMADO A LA SANTIDAD

EN EL MUNDO ACTUAL

Copyright © 2018, Libreria Editrice Vaticana (LEV),
Cuidad del Vaticano. Todos los derechos reservados.

Foto: CNS/Paul Haring

Publicación No. 7-904

United States Conference of Catholic Bishops
Washington, DC

ISBN 978-1-60137-904-7

Publicado en Estados Unidos, abril de 2018
Primera impresión, abril de 2018

Contenido

Alegraos y regocijaos 1

CAPÍTULO PRIMERO:
EL LLAMADO A LA SANTIDAD 2
Los santos que nos
   alientan y acompañan. 2
Los santos de la puerta de al lado. 3
El Señor llama 5
También para ti 6
Tu misión en Cristo 8
La actividad que santifica. 11
Más vivos, más humanos 13

CAPÍTULO SEGUNDO:
DOS SUTILES ENEMIGOS DE LA SANTIDAD. . .15
El gnosticismo actual. 15
      Una mente sin Dios y sin carne. 16
      Una doctrina sin misterio .17
      Los límites de la razón. 18
El pelagianismo actual 20
      Una voluntad sin humildad. 20
      Una enseñanza de la Iglesia muchas veces olvidada . .22
      Los nuevos pelagianos. 25
      El resumen de la Ley 26

CAPÍTULO TERCERO:
A LA LUZ DEL MAESTRO 28
A contracorriente 28
      "Felices los pobres de espíritu, porque de
         ellos es el reino de los cielos" 29
      "Felices los mansos, porque heredarán la tierra" 30
      "Felices los que lloran, porque
         ellos serán consolados" 32
      "Felices los que tienen hambre y sed de justicia,
         porque ellos quedarán saciados" 33

"Felices los misericordiosos, porque ellos
    alcanzarán misericordia" 34
"Felices los de corazón limpio,
    porque ellos verán a Dios" 35
"Felices los que trabajan por la paz, porque
    ellos serán llamados hijos de Dios" 36
"Felices los perseguidos por causa de la justicia,
    porque de ellos es el reino de los cielos". 37
El gran protocolo 39
    Por fidelidad al Maestro 39
    Las ideologías que mutilan el corazón del Evangelio . .41
    El culto que más le agrada 43

CAPÍTULO CUARTO:
ALGUNAS NOTAS DE LA SANTIDAD
EN EL MUNDO ACTUAL 46
Aguante, paciencia y mansedumbre 46
Alegría y sentido del humor 50
Audacia y fervor. 53
En comunidad 57
En oración constante.............................60

CAPÍTULO QUINTO:
COMBATE, VIGILANCIA
Y DISCERNIMIENTO.........................65
El combate y la vigilancia 65
    Algo más que un mito........................65
    Despiertos y confiados........................66
    La corrupción espiritual 67
El discernimiento................................68
    Una necesidad imperiosa......................68
    Siempre a la luz del Señor.....................69
    Un don sobrenatural.........................70
    Habla, Señor 71
    La lógica del don y de la cruz 72

1. "Alegraos y regocijaos" (Mt 5,12), dice Jesús a los que son perseguidos o humillados por su causa. El Señor lo pide todo, y lo que ofrece es la verdadera vida, la felicidad para la cual fuimos creados. Él nos quiere santos y no espera que nos conformemos con una existencia mediocre, aguada, licuada. En realidad, desde las primeras páginas de la Biblia está presente, de diversas maneras, el llamado a la santidad. Así se lo proponía el Señor a Abraham: "Camina en mi presencia y sé perfecto" (Gn 17,1).

2. No es de esperar aquí un tratado sobre la santidad, con tantas definiciones y distinciones que podrían enriquecer este importante tema, o con análisis que podrían hacerse acerca de los medios de santificación. Mi humilde objetivo es hacer resonar una vez más el llamado a la santidad, procurando encarnarlo en el contexto actual, con sus riesgos, desafíos y oportunidades. Porque a cada uno de nosotros el Señor nos eligió "para que fuésemos santos e irreprochables ante él por el amor" (Ef 1,4).

CAPÍTULO PRIMERO
El llamado a la santidad

LOS SANTOS QUE NOS ALIENTAN Y ACOMPAÑAN

3. En la carta a los Hebreos se mencionan distintos testimonios que nos animan a que "corramos, con constancia, en la carrera que nos toca" (12,1). Allí se habla de Abraham, de Sara, de Moisés, de Gedeón y de varios más (cf. 11,1-12,3) y sobre todo se nos invita a reconocer que tenemos "una nube tan ingente de testigos" (12,1) que nos alientan a no detenernos en el camino, nos estimulan a seguir caminando hacia la meta. Y entre ellos puede estar nuestra propia madre, una abuela u otras personas cercanas (cf. 2 Tm 1,5). Quizá su vida no fue siempre perfecta, pero aun en medio de imperfecciones y caídas siguieron adelante y agradaron al Señor.

4. Los santos que ya han llegado a la presencia de Dios mantienen con nosotros lazos de amor y comunión. Lo atestigua el libro del Apocalipsis cuando habla de los mártires que interceden: "Vi debajo del altar las almas de los degollados por causa de la Palabra de Dios y del testimonio que mantenían. Y gritaban con voz potente: '¿Hasta cuándo, Dueño santo y veraz, vas a estar sin hacer justicia?'" (6,9-10). Podemos decir que "estamos rodeados, guiados y conducidos por los amigos de Dios . . . No tengo que llevar yo solo lo que, en realidad, nunca podría soportar yo solo. La muchedumbre de los santos de Dios me protege, me sostiene y me conduce".[1]

5. En los procesos de beatificación y canonización se tienen en cuenta los signos de heroicidad en el ejercicio de las virtudes, la

---

[1] Benedicto XVI, *Homilía en el solemne inicio del ministerio petrino* (24 abril 2005): AAS 97 (2005), 708.

entrega de la vida en el martirio y también los casos en que se haya verificado un ofrecimiento de la propia vida por los demás, sostenido hasta la muerte. Esa ofrenda expresa una imitación ejemplar de Cristo, y es digna de la admiración de los fieles.[2] Recordemos, por ejemplo, a la beata María Gabriela Sagheddu, que ofreció su vida por la unión de los cristianos.

LOS SANTOS DE LA PUERTA DE AL LADO

6. No pensemos solo en los ya beatificados o canonizados. El Espíritu Santo derrama santidad por todas partes, en el santo pueblo fiel de Dios, porque "fue voluntad de Dios el santificar y salvar a los hombres, no aisladamente, sin conexión alguna de unos con otros, sino constituyendo un pueblo, que le confesara en verdad y le sirviera santamente".[3] El Señor, en la historia de la salvación, ha salvado a un pueblo. No existe identidad plena sin pertenencia a un pueblo. Por eso nadie se salva solo, como individuo aislado, sino que Dios nos atrae tomando en cuenta la compleja trama de relaciones interpersonales que se establecen en la comunidad humana: Dios quiso entrar en una dinámica popular, en la dinámica de un pueblo.

7. Me gusta ver la santidad en el pueblo de Dios paciente: a los padres que crían con tanto amor a sus hijos, en esos hombres y mujeres que trabajan para llevar el pan a su casa, en los enfermos, en las religiosas ancianas que siguen sonriendo. En esta constancia para seguir adelante día a día, veo la santidad de la Iglesia militante. Esa es muchas veces la santidad "de la puerta de al lado", de aquellos que viven cerca de nosotros y son un reflejo de la presencia de Dios, o, para usar otra expresión, "la clase media de la santidad".[4]

---

[2] Supone de todos modos que haya fama de santidad y un ejercicio, al menos en grado ordinario, de las virtudes cristianas: cf. Motu proprio *Maiorem hac dilectionem* (11 julio 2017), art. 2c: *L'Osservatore Romano* (12 julio 2017), p. 8.

[3] Conc. Ecum. Vat. II, Const. dogm. *Lumen gentium*, sobre la Iglesia, no. 9.

[4] Cf. Joseph Malègue, *Pierres noires. Les classes moyennes du Salut*, París 1958.

8. Dejémonos estimular por los signos de santidad que el Señor nos presenta a través de los más humildes miembros de ese pueblo que "participa también de la función profética de Cristo, difundiendo su testimonio vivo sobre todo con la vida de fe y caridad".[5] Pensemos, como nos sugiere santa Teresa Benedicta de la Cruz, que a través de muchos de ellos se construye la verdadera historia: "En la noche más oscura surgen los más grandes profetas y los santos. Sin embargo, la corriente vivificante de la vida mística permanece invisible. Seguramente, los acontecimientos decisivos de la historia del mundo fueron esencialmente influenciados por almas sobre las cuales nada dicen los libros de historia. Y cuáles sean las almas a las que hemos de agradecer los acontecimientos decisivos de nuestra vida personal, es algo que solo sabremos el día en que todo lo oculto será revelado".[6]

9. La santidad es el rostro más bello de la Iglesia. Pero aun fuera de la Iglesia Católica y en ámbitos muy diferentes, el Espíritu suscita "signos de su presencia, que ayudan a los mismos discípulos de Cristo".[7] Por otra parte, san Juan Pablo II nos recordó que "el testimonio ofrecido a Cristo hasta el derramamiento de la sangre se ha hecho patrimonio común de católicos, ortodoxos, anglicanos y protestantes".[8] En la hermosa conmemoración ecuménica que él quiso celebrar en el Coliseo, durante el Jubileo del año 2000, sostuvo que los mártires son "una herencia que habla con una voz más fuerte que la de los factores de división".[9]

---

5 Conc. Ecum. Vat. II, Const. dogm. *Lumen gentium*, sobre la Iglesia, no. 12.
6 *Vida escondida y epifanía*, en *Obras Completas* V, Burgos 2007, 637.
7 S. Juan Pablo II, Carta ap. *Novo millennio ineunte* (6 enero 2001), no. 56: AAS 93 (2001), 307.
8 Carta ap. *Tertio millennio adveniente* (10 noviembre 1994), no. 37: AAS 87 (1995), 29.
9 *Homilía en la Conmemoración ecuménica de los testigos de la fe del siglo XX* (7 mayo 2000), 5: AAS 92 (2000), 680-681.

EL SEÑOR LLAMA

10. Todo esto es importante. Sin embargo, lo que quisiera recordar con esta Exhortación es sobre todo el llamado a la santidad que el Señor hace a cada uno de nosotros, ese llamado que te dirige también a ti: "Sed santos, porque yo soy santo" (Lv 11,45; cf. 1 P 1,16). El Concilio Vaticano II lo destacó con fuerza: "Todos los fieles, cristianos, de cualquier condición y estado, fortalecidos con tantos y tan poderosos medios de salvación, son llamados por el Señor, cada uno por su camino, a la perfección de aquella santidad con la que es perfecto el mismo Padre".[10]

11. "Cada uno por su camino", dice el Concilio. Entonces, no se trata de desalentarse cuando uno contempla modelos de santidad que le parecen inalcanzables. Hay testimonios que son útiles para estimularnos y motivarnos, pero no para que tratemos de copiarlos, porque eso hasta podría alejarnos del camino único y diferente que el Señor tiene para nosotros. Lo que interesa es que cada creyente discierna su propio camino y saque a la luz lo mejor de sí, aquello tan personal que Dios ha puesto en él (cf. 1 Co 12, 7), y no que se desgaste intentando imitar algo que no ha sido pensado para él. Todos estamos llamados a ser testigos, pero "existen muchas formas existenciales de testimonio".[11] De hecho, cuando el gran místico san Juan de la Cruz escribía su *Cántico Espiritual*, prefería evitar reglas fijas para todos y explicaba que sus versos estaban escritos para que cada uno los aproveche "según su modo".[12] Porque la vida divina se comunica "a unos en una manera y a otros en otra".[13]

---

10 Const. dogm. *Lumen gentium*, sobre la Iglesia, no. 11.
11 Hans U. von Balthasar, "Teología y santidad", en *Communio* 6 (1987), 489.
12 *Cántico Espiritual* B, Prólogo, 2.
13 Ibíd., XIV-XV, 2.

12. Dentro de las formas variadas, quiero destacar que el "genio femenino" también se manifiesta en estilos femeninos de santidad, indispensables para reflejar la santidad de Dios en este mundo. Precisamente, aun en épocas en que las mujeres fueron más relegadas, el Espíritu Santo suscitó santas cuya fascinación provocó nuevos dinamismos espirituales e importantes reformas en la Iglesia. Podemos mencionar a santa Hildegarda de Bingen, santa Brígida, santa Catalina de Siena, santa Teresa de Ávila o santa Teresa de Lisieux. Pero me interesa recordar a tantas mujeres desconocidas u olvidadas quienes, cada una a su modo, han sostenido y transformado familias y comunidades con la potencia de su testimonio.

13. Esto debería entusiasmar y alentar a cada uno para darlo todo, para crecer hacia ese proyecto único e irrepetible que Dios ha querido para él desde toda la eternidad: "Antes de formarte en el vientre, te elegí; antes de que salieras del seno materno, te consagré" (Jr 1,5).

TAMBIÉN PARA TI

14. Para ser santos no es necesario ser obispos, sacerdotes, religiosas o religiosos. Muchas veces tenemos la tentación de pensar que la santidad está reservada solo a quienes tienen la posibilidad de tomar distancia de las ocupaciones ordinarias, para dedicar mucho tiempo a la oración. No es así. Todos estamos llamados a ser santos viviendo con amor y ofreciendo el propio testimonio en las ocupaciones de cada día, allí donde cada uno se encuentra. ¿Eres consagrada o consagrado? Sé santo viviendo con alegría tu entrega. ¿Estás casado? Sé santo amando y ocupándote de tu marido o de tu esposa, como Cristo lo hizo con la Iglesia. ¿Eres un trabajador? Sé santo cumpliendo con honradez y competencia tu trabajo al servicio de los hermanos. ¿Eres padre, abuela o abuelo? Sé santo enseñando con paciencia a los niños a seguir a Jesús. ¿Tienes

autoridad? Sé santo luchando por el bien común y renunciando a tus intereses personales.[14]

15. Deja que la gracia de tu Bautismo fructifique en un camino de santidad. Deja que todo esté abierto a Dios y para ello opta por él, elige a Dios una y otra vez. No te desalientes, porque tienes la fuerza del Espíritu Santo para que sea posible, y la santidad, en el fondo, es el fruto del Espíritu Santo en tu vida (cf. Ga 5,22-23). Cuando sientas la tentación de enredarte en tu debilidad, levanta los ojos al Crucificado y dile: "Señor, yo soy un pobrecillo, pero tú puedes realizar el milagro de hacerme un poco mejor". En la Iglesia, santa y compuesta de pecadores, encontrarás todo lo que necesitas para crecer hacia la santidad. El Señor la ha llenado de dones con la Palabra, los sacramentos, los santuarios, la vida de las comunidades, el testimonio de sus santos, y una múltiple belleza que procede del amor del Señor, "como novia que se adorna con sus joyas" (Is 61,10).

16. Esta santidad a la que el Señor te llama irá creciendo con pequeños gestos. Por ejemplo: una señora va al mercado a hacer las compras, encuentra a una vecina y comienza a hablar, y vienen las críticas. Pero esta mujer dice en su interior: "No, no hablaré mal de nadie". Este es un paso en la santidad. Luego, en casa, su hijo le pide conversar acerca de sus fantasías, y aunque esté cansada se sienta a su lado y escucha con paciencia y afecto. Esa es otra ofrenda que santifica. Luego vive un momento de angustia, pero recuerda el amor de la Virgen María, toma el rosario y reza con fe. Ese es otro camino de santidad. Luego va por la calle, encuentra a un pobre y se detiene a conversar con él con cariño. Ese es otro paso.

17. A veces la vida presenta desafíos mayores y a través de ellos el Señor nos invita a nuevas conversiones que permiten que su gracia

---

[14] Cf. *Catequesis* (19 noviembre 2014): *L'Osservatore Romano*, ed. semanal en lengua española (21 noviembre 2014), p. 16.

se manifieste mejor en nuestra existencia "para que participemos de su santidad" (Hb 12,10). Otras veces solo se trata de encontrar una forma más perfecta de vivir lo que ya hacemos: "Hay inspiraciones que tienden solamente a una extraordinaria perfección de los ejercicios ordinarios de la vida".[15] Cuando el Cardenal Francisco Javier Nguyên van Thuân estaba en la cárcel, renunció a desgastarse esperando su liberación. Su opción fue "vivir el momento presente colmándolo de amor"; y el modo como se concretaba esto era: "Aprovecho las ocasiones que se presentan cada día para realizar acciones ordinarias de manera extraordinaria".[16]

18. Así, bajo el impulso de la gracia divina, con muchos gestos vamos construyendo esa figura de santidad que Dios quería, pero no como seres autosuficientes sino "como buenos administradores de la multiforme gracia de Dios" (1 P 4,10). Bien nos enseñaron los Obispos de Nueva Zelanda que es posible amar con el amor incondicional del Señor, porque el Resucitado comparte su vida poderosa con nuestras frágiles vidas: "Su amor no tiene límites y una vez dado nunca se echó atrás. Fue incondicional y permaneció fiel. Amar así no es fácil porque muchas veces somos tan débiles. Pero precisamente para tratar de amar como Cristo nos amó, Cristo comparte su propia vida resucitada con nosotros. De esta manera, nuestras vidas demuestran su poder en acción, incluso en medio de la debilidad humana".[17]

TU MISIÓN EN CRISTO

19. Para un cristiano no es posible pensar en la propia misión en la tierra sin concebirla como un camino de santidad, porque "esta es la voluntad de Dios: vuestra santificación" (1 Ts 4,3). Cada santo

---

15 S. Francisco de Sales, *Tratado del amor a Dios*, VIII, 11.
16 *Cinco panes y dos peces: un gozoso testimonio de fe desde el sufrimiento en la cárcel*, México 1999⁹, 21.
17 Conferencia de Obispos católicos de Nueva Zelanda, *Healing love* (1 enero 1988).

es una misión; es un proyecto del Padre para reflejar y encarnar, en un momento determinado de la historia, un aspecto del Evangelio.

20. Esa misión tiene su sentido pleno en Cristo y solo se entiende desde él. En el fondo la santidad es vivir en unión con él los misterios de su vida. Consiste en asociarse a la muerte y resurrección del Señor de una manera única y personal, en morir y resucitar constantemente con él. Pero también puede implicar reproducir en la propia existencia distintos aspectos de la vida terrena de Jesús: su vida oculta, su vida comunitaria, su cercanía a los últimos, su pobreza y otras manifestaciones de su entrega por amor. La contemplación de estos misterios, como proponía san Ignacio de Loyola, nos orienta a hacerlos carne en nuestras opciones y actitudes.[18] Porque "todo en la vida de Jesús es signo de su misterio",[19] "toda la vida de Cristo es Revelación del Padre",[20] "toda la vida de Cristo es misterio de Redención",[21] "toda la vida de Cristo es misterio de Recapitulación",[22] y "todo lo que Cristo vivió hace que podamos vivirlo en él y que él lo viva en nosotros".[23]

21. El designio del Padre es Cristo, y nosotros en él. En último término, es Cristo amando en nosotros, porque "la santidad no es sino la caridad plenamente vivida".[24] Por lo tanto, "la santidad se mide por la estatura que Cristo alcanza en nosotros, por el grado como, con la fuerza del Espíritu Santo, modelamos toda nuestra vida según

---

18   Cf. *Ejercicios espirituales*, 102-312.
19   *Catecismo de la Iglesia Católica*, no. 515.
20   Ibíd., 516.
21   Ibíd., 517.
22   Ibíd., 518.
23   Ibíd., 521.
24   Benedicto XVI, *Catequesis* (13 abril 2011): *L'Osservatore Romano*, ed. semanal en lengua española (17 abril 2011), p. 11.

la suya".[25] Así, cada santo es un mensaje que el Espíritu Santo toma de la riqueza de Jesucristo y regala a su pueblo.

22. Para reconocer cuál es esa palabra que el Señor quiere decir a través de un santo, no conviene entretenerse en los detalles, porque allí también puede haber errores y caídas. No todo lo que dice un santo es plenamente fiel al Evangelio, no todo lo que hace es auténtico o perfecto. Lo que hay que contemplar es el conjunto de su vida, su camino entero de santificación, esa figura que refleja algo de Jesucristo y que resulta cuando uno logra componer el sentido de la totalidad de su persona.[26]

23. Esto es un fuerte llamado de atención para todos nosotros. Tú también necesitas concebir la totalidad de tu vida como una misión. Inténtalo escuchando a Dios en la oración y reconociendo los signos que él te da. Pregúntale siempre al Espíritu qué espera Jesús de ti en cada momento de tu existencia y en cada opción que debas tomar, para discernir el lugar que eso ocupa en tu propia misión. Y permítele que forje en ti ese misterio personal que refleje a Jesucristo en el mundo de hoy.

24. Ojalá puedas reconocer cuál es esa palabra, ese mensaje de Jesús que Dios quiere decir al mundo con tu vida. Déjate transformar, déjate renovar por el Espíritu, para que eso sea posible, y así tu preciosa misión no se malogrará. El Señor la cumplirá también en medio de tus errores y malos momentos, con tal que no abandones el camino del amor y estés siempre abierto a su acción sobrenatural que purifica e ilumina.

---

[25] Ibíd.
[26] Cf. Hans U. von Balthasar, "Teología y santidad", en *Communio* 6 (1987), 486-493.

LA ACTIVIDAD QUE SANTIFICA

25. Como no puedes entender a Cristo sin el reino que él vino a traer, tu propia misión es inseparable de la construcción de ese reino: "Buscad sobre todo el reino de Dios y su justicia" (Mt 6,33). Tu identificación con Cristo y sus deseos, implica el empeño por construir, con él, ese reino de amor, justicia y paz para todos. Cristo mismo quiere vivirlo contigo, en todos los esfuerzos o renuncias que implique, y también en las alegrías y en la fecundidad que te ofrezca. Por lo tanto, no te santificarás sin entregarte en cuerpo y alma para dar lo mejor de ti en ese empeño.

26. No es sano amar el silencio y rehuir el encuentro con el otro, desear el descanso y rechazar la actividad, buscar la oración y menospreciar el servicio. Todo puede ser aceptado e integrado como parte de la propia existencia en este mundo, y se incorpora en el camino de santificación. Somos llamados a vivir la contemplación también en medio de la acción, y nos santificamos en el ejercicio responsable y generoso de la propia misión.

27. ¿Acaso el Espíritu Santo puede lanzarnos a cumplir una misión y al mismo tiempo pedirnos que escapemos de ella, o que evitemos entregarnos totalmente para preservar la paz interior? Sin embargo, a veces tenemos la tentación de relegar la entrega pastoral o el compromiso en el mundo a un lugar secundario, como si fueran "distracciones" en el camino de la santificación y de la paz interior. Se olvida que "no es que la vida tenga una misión, sino que es misión".[27]

28. Una tarea movida por la ansiedad, el orgullo, la necesidad de aparecer y de dominar, ciertamente no será santificadora. El desafío es vivir la propia entrega de tal manera que los esfuerzos tengan

---
27 Xavier Zubiri, *Naturaleza, historia, Dios*, Madrid 1999³, 427.

un sentido evangélico y nos identifiquen más y más con Jesucristo. De ahí que suela hablarse, por ejemplo, de una espiritualidad del catequista, de una espiritualidad del clero diocesano, de una espiritualidad del trabajo. Por la misma razón, en *Evangelii gaudium* quise concluir con una espiritualidad de la misión, en *Laudato si'* con una espiritualidad ecológica y en *Amoris laetitia* con una espiritualidad de la vida familiar.

29. Esto no implica despreciar los momentos de quietud, soledad y silencio ante Dios. Al contrario. Porque las constantes novedades de los recursos tecnológicos, el atractivo de los viajes, las innumerables ofertas para el consumo, a veces no dejan espacios vacíos donde resuene la voz de Dios. Todo se llena de palabras, de disfrutes epidérmicos y de ruidos con una velocidad siempre mayor. Allí no reina la alegría sino la insatisfacción de quien no sabe para qué vive. ¿Cómo no reconocer entonces que necesitamos detener esa carrera frenética para recuperar un espacio personal, a veces doloroso pero siempre fecundo, donde se entabla el diálogo sincero con Dios? En algún momento tendremos que percibir de frente la propia verdad, para dejarla invadir por el Señor, y no siempre se logra esto si uno "no se ve al borde del abismo de la tentación más agobiante, si no siente el vértigo del precipicio del más desesperado abandono, si no se encuentra absolutamente solo, en la cima de la soledad más radical".[28] Así encontramos las grandes motivaciones que nos impulsan a vivir a fondo las propias tareas.

30. Los mismos recursos de distracción que invaden la vida actual nos llevan también a absolutizar el tiempo libre, en el cual podemos utilizar sin límites esos dispositivos que nos brindan entretenimiento o placeres efímeros.[29] Como consecuencia, es la propia misión la que se resiente, es el compromiso el que se debilita, es

---

28 Carlo M. Martini, *Las confesiones de Pedro*, Estella 1994, 76.

29 Es necesario distinguir esta distracción superficial, de una sana cultura del ocio, que nos abre al otro y a la realidad con un espíritu disponible y contemplativo.

el servicio generoso y disponible el que comienza a retacearse. Eso desnaturaliza la experiencia espiritual. ¿Puede ser sano un fervor espiritual que conviva con una acedia en la acción evangelizadora o en el servicio a los otros?

31. Nos hace falta un espíritu de santidad que impregne tanto la soledad como el servicio, tanto la intimidad como la tarea evangelizadora, de manera que cada instante sea expresión de amor entregado bajo la mirada del Señor. De este modo, todos los momentos serán escalones en nuestro camino de santificación.

MÁS VIVOS, MÁS HUMANOS

32. No tengas miedo de la santidad. No te quitará fuerzas, vida o alegría. Todo lo contrario, porque llegarás a ser lo que el Padre pensó cuando te creó y serás fiel a tu propio ser. Depender de él nos libera de las esclavitudes y nos lleva a reconocer nuestra propia dignidad. Esto se refleja en santa Josefina Bakhita, quien fue "secuestrada y vendida como esclava a la tierna edad de siete años, sufrió mucho en manos de amos crueles. Pero llegó a comprender la profunda verdad de que Dios, y no el hombre, es el verdadero Señor de todo ser humano, de toda vida humana. Esta experiencia se transformó en una fuente de gran sabiduría para esta humilde hija de África".[30]

33. En la medida en que se santifica, cada cristiano se vuelve más fecundo para el mundo. Los Obispos de África occidental nos enseñaron: "Estamos siendo llamados, en el espíritu de la nueva evangelización, a ser evangelizados y a evangelizar a través del empoderamiento de todos los bautizados para que asumáis vuestros roles como sal de la tierra y luz del mundo donde quiera que os encontréis".[31]

---

30 S. Juan Pablo II, *Homilía en la Misa de canonización* (1 octubre 2000), 5: AAS 92 (2000), 852.

31 Conferencia Episcopal Regional de África Occidental, *Mensaje pastoral a la conclusión de la II Asamblea Plenaria* (29 febrero 2016), 2.

34. No tengas miedo de apuntar más alto, de dejarte amar y liberar por Dios. No tengas miedo de dejarte guiar por el Espíritu Santo. La santidad no te hace menos humano, porque es el encuentro de tu debilidad con la fuerza de la gracia. En el fondo, como decía León Bloy, en la vida "existe una sola tristeza, la de no ser santos".[32]

---

[32] *La mujer pobre*, II, 27.

CAPÍTULO SEGUNDO
Dos sutiles enemigos de la santidad

35. En este marco, quiero llamar la atención acerca de dos falsificaciones de la santidad que podrían desviarnos del camino: el gnosticismo y el pelagianismo. Son dos herejías que surgieron en los primeros siglos cristianos, pero que siguen teniendo alarmante actualidad. Aun hoy los corazones de muchos cristianos, quizá sin darse cuenta, se dejan seducir por estas propuestas engañosas. En ellas se expresa un inmanentismo antropocéntrico disfrazado de verdad católica.[33] Veamos estas dos formas de seguridad doctrinal o disciplinaria que dan lugar "a un elitismo narcisista y autoritario, donde en lugar de evangelizar lo que se hace es analizar y clasificar a los demás, y en lugar de facilitar el acceso a la gracia se gastan las energías en controlar. En los dos casos, ni Jesucristo ni los demás interesan verdaderamente".[34]

EL GNOSTICISMO ACTUAL

36. El gnosticismo supone "una fe encerrada en el subjetivismo, donde solo interesa una determinada experiencia o una serie de razonamientos y conocimientos que supuestamente reconfortan e

---

33 Cf. Congregación para la Doctrina de la Fe, Carta *Placuit Deo*, sobre algunos aspectos de la salvación cristiana (22 febrero 2018), 4: *L'Osservatore Romano* (2 marzo 2018), pp. 4-5: "Tanto el individualismo neo-pelagiano como el desprecio neo-gnóstico del cuerpo deforman la confesión de fe en Cristo, el Salvador único y universal". En este documento se encuentran las bases doctrinales para la comprensión de la salvación cristiana en relación con las derivas neo-gnósticas y neo-pelagianas actuales.

34 Exhort. ap. *Evangelii gaudium* (24 noviembre 2013), no. 94: AAS 105 (2013), 1060.

iluminan, pero en definitiva el sujeto queda clausurado en la inmanencia de su propia razón o de sus sentimientos".[35]

Una mente sin Dios y sin carne

37. Gracias a Dios, a lo largo de la historia de la Iglesia quedó muy claro que lo que mide la perfección de las personas es su grado de caridad, no la cantidad de datos y conocimientos que acumulen. Los "gnósticos" tienen una confusión en este punto, y juzgan a los demás según la capacidad que tengan de comprender la profundidad de determinadas doctrinas. Conciben una mente sin encarnación, incapaz de tocar la carne sufriente de Cristo en los otros, encorsetada en una enciclopedia de abstracciones. Al descarnar el misterio finalmente prefieren "un Dios sin Cristo, un Cristo sin Iglesia, una Iglesia sin pueblo".[36]

38. En definitiva, se trata de una superficialidad vanidosa: mucho movimiento en la superficie de la mente, pero no se mueve ni se conmueve la profundidad del pensamiento. Sin embargo, logra subyugar a algunos con una fascinación engañosa, porque el equilibrio gnóstico es formal y supuestamente aséptico, y puede asumir el aspecto de una cierta armonía o de un orden que lo abarca todo.

39. Pero estemos atentos. No me refiero a los racionalistas enemigos de la fe cristiana. Esto puede ocurrir dentro de la Iglesia, tanto en los laicos de las parroquias como en quienes enseñan filosofía o teología en centros de formación. Porque también es propio de los gnósticos creer que con sus explicaciones ellos pueden hacer perfectamente comprensible toda la fe y todo el Evangelio. Absolutizan sus propias teorías y obligan a los demás a someterse a los razonamientos que ellos usan. Una cosa es un sano y humilde uso de la razón para

---

[35] Ibíd.: AAS 105 (2013), 1059.
[36] *Homilía en la Misa de la Casa Santa Marta* (11 noviembre 2016): *L'Osservatore Romano* (12 noviembre 2016), p. 8.

reflexionar sobre la enseñanza teológica y moral del Evangelio; otra es pretender reducir la enseñanza de Jesús a una lógica fría y dura que busca dominarlo todo.[37]

Una doctrina sin misterio

40. El gnosticismo es una de las peores ideologías, ya que, al mismo tiempo que exalta indebidamente el conocimiento o una determinada experiencia, considera que su propia visión de la realidad es la perfección. Así, quizá sin advertirlo, esta ideología se alimenta a sí misma y se enceguece aún más. A veces se vuelve especialmente engañosa cuando se disfraza de una espiritualidad desencarnada. Porque el gnosticismo "por su propia naturaleza quiere domesticar el misterio",[38] tanto el misterio de Dios y de su gracia, como el misterio de la vida de los demás.

41. Cuando alguien tiene respuestas a todas las preguntas, demuestra que no está en un sano camino y es posible que sea un falso profeta, que usa la religión en beneficio propio, al servicio de sus elucubraciones psicológicas y mentales. Dios nos supera infinitamente, siempre es una sorpresa y no somos nosotros los que decidimos en qué circunstancia histórica encontrarlo, ya que no depende de nosotros determinar el tiempo y el lugar del encuentro. Quien lo quiere todo claro y seguro pretende dominar la trascendencia de Dios.

---

37 Como enseña S. Buenaventura: "Es necesario que se dejen todas las operaciones intelectuales, y que el ápice del afecto se traslade todo a Dios y todo se transforme en Dios. . . . Y así, no pudiendo nada la naturaleza y poco la industria, ha de darse poco a la inquisición y mucho a la unción; poco a la lengua y muchísimo a la alegría interior; poco a la palabra y a los escritos, y todo al don de Dios, que es el Espíritu Santo; poco o nada a la criatura, todo a la esencia creadora, esto es, al Padre, y al Hijo, y a Espíritu Santo" (*Itinerario de la mente a Dios*, VII, 4-5).

38 *Carta al Gran Canciller de la Pontificia Universidad Católica Argentina en el centenario de la Facultad de Teología* (3 marzo 2015): *L'Osservatore Romano* (10 marzo 2015), p. 6.

42. Tampoco se puede pretender definir dónde no está Dios, porque él está misteriosamente en la vida de toda persona, está en la vida de cada uno como él quiere, y no podemos negarlo con nuestras supuestas certezas. Aun cuando la existencia de alguien haya sido un desastre, aun cuando lo veamos destruido por los vicios o las adicciones, Dios está en su vida. Si nos dejamos guiar por el Espíritu más que por nuestros razonamientos, podemos y debemos buscar al Señor en toda vida humana. Esto es parte del misterio que las mentalidades gnósticas terminan rechazando, porque no lo pueden controlar.

Los límites de la razón

43. Nosotros llegamos a comprender muy pobremente la verdad que recibimos del Señor. Con mayor dificultad todavía logramos expresarla. Por ello no podemos pretender que nuestro modo de entenderla nos autorice a ejercer una supervisión estricta de la vida de los demás. Quiero recordar que en la Iglesia conviven lícitamente distintas maneras de interpretar muchos aspectos de la doctrina y de la vida cristiana que, en su variedad, "ayudan a explicitar mejor el riquísimo tesoro de la Palabra". Es verdad que "a quienes sueñan con una doctrina monolítica defendida por todos sin matices, esto puede parecerles una imperfecta dispersión".[39] Precisamente, algunas corrientes gnósticas despreciaron la sencillez tan concreta del Evangelio e intentaron reemplazar al Dios trinitario y encarnado por una Unidad superior donde desaparecía la rica multiplicidad de nuestra historia.

44. En realidad, la doctrina, o mejor, nuestra comprensión y expresión de ella, "no es un sistema cerrado, privado de dinámicas capaces de generar interrogantes, dudas, cuestionamientos", y "las preguntas de nuestro pueblo, sus angustias, sus peleas, sus sueños, sus

---

39   Exhort. ap. *Evangelii gaudium* (24 noviembre 2013), no. 40: AAS 105 (2013), 1037.

luchas, sus preocupaciones, poseen valor hermenéutico que no podemos ignorar si queremos tomar en serio el principio de encarnación. Sus preguntas nos ayudan a preguntarnos, sus cuestionamientos nos cuestionan".[40]

45. Con frecuencia se produce una peligrosa confusión: creer que porque sabemos algo o podemos explicarlo con una determinada lógica, ya somos santos, perfectos, mejores que la "masa ignorante". A todos los que en la Iglesia tienen la posibilidad de una formación más alta, san Juan Pablo II les advertía de la tentación de desarrollar "un cierto sentimiento de superioridad respecto a los demás fieles".[41] Pero en realidad, eso que creemos saber debería ser siempre una motivación para responder mejor al amor de Dios, porque "se aprende para vivir: teología y santidad son un binomio inseparable".[42]

46. Cuando san Francisco de Asís veía que algunos de sus discípulos enseñaban la doctrina, quiso evitar la tentación del gnosticismo. Entonces escribió esto a san Antonio de Padua: "Me agrada que enseñes sagrada teología a los hermanos con tal que, en el estudio de la misma, no apagues el espíritu de oración y devoción".[43] Él reconocía la tentación de convertir la experiencia cristiana en un conjunto de elucubraciones mentales que terminan alejándonos de la frescura del Evangelio. San Buenaventura, por otra parte, advertía que la verdadera sabiduría cristiana no se debe desconectar de la misericordia hacia el prójimo: "La mayor sabiduría que puede existir consiste en difundir fructuosamente lo que uno tiene para dar, lo que se le ha dado precisamente para que lo dispense. . . . Por eso,

---

40 *Videomensaje al Congreso internacional de Teología de la Pontificia Universidad Católica Argentina* (1-3 septiembre 2015): *AAS* 107 (2015), 980.

41 Exhort. ap. postsin. *Vita consecrata* (25 marzo 1996), no. 38: *AAS* 88 (1996), 412.

42 *Carta al Gran Canciller de la Pontificia Universidad Católica Argentina en el centenario de la Facultad de Teología* (3 marzo 2015): *L'Osservatore Romano* (10 marzo 2015), p. 6.

43 Carta a Fray Antonio, 2: *FF* 251.

así como la misericordia es amiga de la sabiduría, la avaricia es su enemiga".[44] "Hay una actividad que al unirse a la contemplación no la impide, sino que la facilita, como las obras de misericordia y piedad".[45]

EL PELAGIANISMO ACTUAL

47. El gnosticismo dio lugar a otra vieja herejía, que también está presente hoy. Con el paso del tiempo, muchos comenzaron a reconocer que no es el conocimiento lo que nos hace mejores o santos, sino la vida que llevamos. El problema es que esto se degeneró sutilmente, de manera que el mismo error de los gnósticos simplemente se transformó, pero no fue superado.

48. Porque el poder que los gnósticos atribuían a la inteligencia, algunos comenzaron a atribuírselo a la voluntad humana, al esfuerzo personal. Así surgieron los pelagianos y los semipelagianos. Ya no era la inteligencia lo que ocupaba el lugar del misterio y de la gracia, sino la voluntad. Se olvidaba que "todo depende no del querer o del correr, sino de la misericordia de Dios" (Rm 9,16) y que "él nos amó primero" (1 Jn 4,19).

Una voluntad sin humildad

49. Los que responden a esta mentalidad pelagiana o semipelagiana, aunque hablen de la gracia de Dios con discursos edulcorados "en el fondo solo confían en sus propias fuerzas y se sienten superiores a otros por cumplir determinadas normas o por ser inquebrantablemente fieles a cierto estilo católico".[46] Cuando algunos de ellos se dirigen a los débiles diciéndoles que todo se puede con la gracia de

---

44 *Los siete dones del Espíritu Santo*, 9, 15.
45 Id., *In IV Sent.*, 37, 1, 3, ad 6.
46 Exhort. ap. *Evangelii gaudium* (24 noviembre 2013), no. 94: AAS 105 (2013), 1059.

Dios, en el fondo suelen transmitir la idea de que todo se puede con la voluntad humana, como si ella fuera algo puro, perfecto, omnipotente, a lo que se añade la gracia. Se pretende ignorar que "no todos pueden todo",[47] y que en esta vida las fragilidades humanas no son sanadas completa y definitivamente por la gracia.[48] En cualquier caso, como enseñaba san Agustín, Dios te invita a hacer lo que puedas y a pedir lo que no puedas;[49] o bien a decirle al Señor humildemente: *"Dame lo que me pides y pídeme lo que quieras"*.[50]

50. En el fondo, la falta de un reconocimiento sincero, dolorido y orante de nuestros límites es lo que impide a la gracia actuar mejor en nosotros, ya que no le deja espacio para provocar ese bien posible que se integra en un camino sincero y real de crecimiento.[51] La gracia, precisamente porque supone nuestra naturaleza, no nos hace superhombres de golpe. Pretenderlo sería confiar demasiado en nosotros mismos. En este caso, detrás de la ortodoxia, nuestras actitudes pueden no corresponder a lo que afirmamos sobre la necesidad de la gracia, y en los hechos terminamos confiando poco en ella. Porque si no advertimos nuestra realidad concreta y limitada, tampoco podremos ver los pasos reales y posibles que el Señor nos pide en cada momento, después de habernos capacitado y cautivado con su don. La gracia actúa históricamente y, de ordinario, nos toma y transforma de una forma progresiva.[52] Por ello, si rechazamos esta

---

47 Cf. S. Buenaventura, *Las seis alas del Serafín* 3, 8: "Non omnes omnia possunt". Cabe entenderlo en la línea del *Catecismo de la Iglesia Católica*, no. 1735.

48 Sto. Tomás de Aquino, *Summa Theologiae* I-II, q.109, a.9, ad 1: "La gracia entraña cierta imperfección, en cuanto no sana perfectamente al hombre".

49 Cf. *La naturaleza y la gracia*, XLIII, 50: PL 44, 271.

50 *Confesiones* X, 29, 40: PL 32, 796.

51 Cf. Exhort. ap. *Evangelii gaudium* (24 noviembre 2013), no. 44: AAS 105 (2013), 1038.

52 La fe cristiana entiende la gracia como preveniente, concomitante y subsecuente a nuestras acciones (cf. Conc. Ecum. de Trento, Ses. VI, Decr. *de iustificatione*, sobre la justificación, cap. 5: *DH*, 1525).

manera histórica y progresiva, de hecho podemos llegar a negarla y bloquearla, aunque la exaltemos con nuestras palabras.

51. Cuando Dios se dirige a Abraham le dice: "Yo soy Dios todopoderoso, camina en mi presencia y sé perfecto" (Gn 17,1). Para poder ser perfectos, como a él le agrada, necesitamos vivir humildemente en su presencia, envueltos en su gloria; nos hace falta caminar en unión con él reconociendo su amor constante en nuestras vidas. Hay que perderle el miedo a esa presencia que solamente puede hacernos bien. Es el Padre que nos dio la vida y nos ama tanto. Una vez que lo aceptamos y dejamos de pensar nuestra existencia sin él, desaparece la angustia de la soledad (cf. Sal 139,7). Y si ya no ponemos distancias frente a Dios y vivimos en su presencia, podremos permitirle que examine nuestro corazón para ver si va por el camino correcto (cf. Sal 139,23-24). Así conoceremos la voluntad agradable y perfecta del Señor (cf. Rm 12,1-2) y dejaremos que él nos moldee como un alfarero (cf. Is 29,16). Hemos dicho tantas veces que Dios habita en nosotros, pero es mejor decir que nosotros habitamos en él, que él nos permite vivir en su luz y en su amor. Él es nuestro templo: lo que busco es habitar en la casa del Señor todos los días de mi vida (cf. Sal 27,4). "Vale más un día en tus atrios que mil en mi casa" (Sal 84,11). En él somos santificados.

UNA ENSEÑANZA DE LA IGLESIA MUCHAS VECES OLVIDADA

52. La Iglesia enseñó reiteradas veces que no somos justificados por nuestras obras o por nuestros esfuerzos, sino por la gracia del Señor que toma la iniciativa. Los Padres de la Iglesia, aun antes de san Agustín, expresaban con claridad esta convicción primaria. San Juan Crisóstomo decía que Dios derrama en nosotros la fuente misma de todos los dones antes de que nosotros hayamos entrado en el combate.[53] San Basilio Magno remarcaba que el fiel se gloría solo

---

53 Cf. *Homilías sobre la carta a los Romanos*, IX, 11: PG 60, 470.

en Dios, porque "reconoce estar privado de la verdadera justicia y que es justificado únicamente mediante la fe en Cristo".[54]

53. El II Sínodo de Orange enseñó con firme autoridad que nada humano puede exigir, merecer o comprar el don de la gracia divina, y que todo lo que pueda cooperar con ella es previamente don de la misma gracia: "Aun el querer ser limpios se hace en nosotros por infusión y operación sobre nosotros del Espíritu Santo".[55] Posteriormente, aun cuando el Concilio de Trento destacó la importancia de nuestra cooperación para el crecimiento espiritual, reafirmó aquella enseñanza dogmática: "Se dice que somos justificados gratuitamente, porque nada de lo que precede a la justificación, sea la fe, sean las obras, merece la gracia misma de la justificación; "porque si es gracia, ya no es por las obras; de otro modo la gracia ya no sería gracia" (Rm 11,6)".[56]

54. El *Catecismo de la Iglesia Católica* también nos recuerda que el don de la gracia "sobrepasa las capacidades de la inteligencia y las fuerzas de la voluntad humana",[57] y que "frente a Dios no hay, en el sentido de un derecho estricto, mérito alguno de parte del hombre. Entre él y nosotros la desigualdad no tiene medida".[58] Su amistad nos supera infinitamente, no puede ser comprada por nosotros con nuestras obras y solo puede ser un regalo de su iniciativa de amor. Esto nos invita a vivir con una gozosa gratitud por ese regalo que nunca mereceremos, puesto que "después que uno ya posee la gracia, no puede la gracia ya recibida caer bajo mérito".[59] Los santos evitan depositar la confianza en sus acciones: "En el atardecer de esta vida me presentaré ante ti con las manos vacías, Señor, porque

---

54 *Homilía sobre la humildad*: PG 31, 530.
55 Canon 4, *DH* 374.
56 Ses. VI, Decr. *de iustificatione*, sobre la justificación, cap. 8: *DH* 1532.
57 No. 1998.
58 Ibíd., no. 2007.
59 Sto. Tomás de Aquino, *Summa Theologiae* I-II, q.114, a.5.

no te pido que lleves cuenta de mis obras. Todas nuestras justicias tienen manchas a tus ojos".[60]

55. Esta es una de las grandes convicciones definitivamente adquiridas por la Iglesia, y está tan claramente expresada en la Palabra de Dios que queda fuera de toda discusión. Así como el supremo mandamiento del amor, esta verdad debería marcar nuestro estilo de vida, porque bebe del corazón del Evangelio y nos convoca no solo a aceptarla con la mente, sino a convertirla en un gozo contagioso. Pero no podremos celebrar con gratitud el regalo gratuito de la amistad con el Señor si no reconocemos que aun nuestra existencia terrena y nuestras capacidades naturales son un regalo. Necesitamos "consentir jubilosamente que nuestra realidad sea dádiva, y aceptar aun nuestra libertad como gracia. Esto es lo difícil hoy en un mundo que cree tener algo por sí mismo, fruto de su propia originalidad o de su libertad".[61]

56. Solamente a partir del don de Dios, libremente acogido y humildemente recibido, podemos cooperar con nuestros esfuerzos para dejarnos transformar más y más.[62] Lo primero es pertenecer a Dios. Se trata de ofrecernos a él que nos primerea, de entregarle nuestras capacidades, nuestro empeño, nuestra lucha contra el mal y nuestra creatividad, para que su don gratuito crezca y se desarrolle en nosotros: "Os exhorto, pues, hermanos, por la misericordia de Dios, a que presentéis vuestros cuerpos como sacrificio vivo, santo, agradable a Dios" (Rm 12,1). Por otra parte, la Iglesia siempre enseñó que

---

60 Sta. Teresa de Lisieux, "Acto de ofrenda al Amor misericordioso" (*Oraciones*, 6).

61 Lucio Gera, "Sobre el misterio del pobre", en P. Grelot–L. Gera–A. Dumas, *El Pobre*, Buenos Aires 1962, 103.

62 Esta es, en definitiva, la doctrina católica acerca del "mérito" posterior a la justificación: se trata de la cooperación del justificado para el crecimiento de la vida de la gracia (cf. *Catecismo de la Iglesia Católica*, no. 2010). Pero esta cooperación de ninguna manera hace que la justificación misma y la amistad con Dios se vuelvan objeto de un mérito humano.

solo la caridad hace posible el crecimiento en la vida de la gracia, porque si no tengo caridad, no soy nada (cf. 1 Co 13,2).

Los nuevos pelagianos

57. Todavía hay cristianos que se empeñan en seguir otro camino: el de la justificación por las propias fuerzas, el de la adoración de la voluntad humana y de la propia capacidad, que se traduce en una autocomplacencia egocéntrica y elitista privada del verdadero amor. Se manifiesta en muchas actitudes aparentemente distintas: la obsesión por la ley, la fascinación por mostrar conquistas sociales y políticas, la ostentación en el cuidado de la liturgia, de la doctrina y del prestigio de la Iglesia, la vanagloria ligada a la gestión de asuntos prácticos, el embeleso por las dinámicas de autoayuda y de realización autorreferencial. En esto algunos cristianos gastan sus energías y su tiempo, en lugar de dejarse llevar por el Espíritu en el camino del amor, de apasionarse por comunicar la hermosura y la alegría del Evangelio y de buscar a los perdidos en esas inmensas multitudes sedientas de Cristo.[63]

58. Muchas veces, en contra del impulso del Espíritu, la vida de la Iglesia se convierte en una pieza de museo o en una posesión de pocos. Esto ocurre cuando algunos grupos cristianos dan excesiva importancia al cumplimiento de determinadas normas propias, costumbres o estilos. De esa manera, se suele reducir y encorsetar el Evangelio, quitándole su sencillez cautivante y su sal. Es quizás una forma sutil de pelagianismo, porque parece someter la vida de la gracia a unas estructuras humanas. Esto afecta a grupos, movimientos y comunidades, y es lo que explica por qué tantas veces comienzan con una intensa vida en el Espíritu, pero luego terminan fosilizados . . . o corruptos.

---

[63] Cf. Exhort. ap. *Evangelii gaudium* (24 noviembre 2013), no. 95: AAS 105 (2013), 1060.

59. Sin darnos cuenta, por pensar que todo depende del esfuerzo humano encauzado por normas y estructuras eclesiales, complicamos el Evangelio y nos volvemos esclavos de un esquema que deja pocos resquicios para que la gracia actúe. Santo Tomás de Aquino nos recordaba que los preceptos añadidos al Evangelio por la Iglesia deben exigirse con moderación "para no hacer pesada la vida a los fieles", porque así "se convertiría nuestra religión en una esclavitud".[64]

El resumen de la Ley

60. En orden a evitarlo, es sano recordar frecuentemente que existe una jerarquía de virtudes, que nos invita a buscar lo esencial. El primado lo tienen las virtudes teologales, que tienen a Dios como objeto y motivo. Y en el centro está la caridad. San Pablo dice que lo que cuenta de verdad es "la fe que actúa por el amor" (Ga 5,6). Estamos llamados a cuidar atentamente la caridad: "El que ama ha cumplido el resto de la ley . . . por eso la plenitud de la ley es el amor" (Rm 13,8.10). "Porque toda la ley se cumple en una sola frase, que es: Amarás a tu prójimo como a ti mismo" (Ga 5,14).

61. Dicho con otras palabras: en medio de la tupida selva de preceptos y prescripciones, Jesús abre una brecha que permite distinguir dos rostros, el del Padre y el del hermano. No nos entrega dos fórmulas o dos preceptos más. Nos entrega dos rostros, o mejor, uno solo, el de Dios que se refleja en muchos. Porque en cada hermano, especialmente en el más pequeño, frágil, indefenso y necesitado, está presente la imagen misma de Dios. En efecto, el Señor, al final de los tiempos, plasmará su obra de arte con el desecho de esta humanidad vulnerable. Pues, "¿qué es lo que queda?, ¿qué es

---

[64] *Summa Theologiae* I-II, q.107, a.4.

lo que tiene valor en la vida?, ¿qué riquezas son las que no desaparecen? Sin duda, dos: El Señor y el prójimo. Estas dos riquezas no desaparecen".[65]

62. ¡Que el Señor libere a la Iglesia de las nuevas formas de gnosticismo y de pelagianismo que la complican y la detienen en su camino hacia la santidad! Estas desviaciones se expresan de diversas formas, según el propio temperamento y las propias características. Por eso exhorto a cada uno a preguntarse y a discernir frente a Dios de qué manera pueden estar manifestándose en su vida.

---

[65] *Homilía durante el Jubileo de las personas socialmente excluidas* (13 noviembre 2016): *L'Osservatore Romano* (14-15 noviembre 2016), p. 8.

CAPÍTULO TERCERO
A la luz del Maestro

63. Puede haber muchas teorías sobre lo que es la santidad, abundantes explicaciones y distinciones. Esa reflexión podría ser útil, pero nada es más iluminador que volver a las palabras de Jesús y recoger su modo de transmitir la verdad. Jesús explicó con toda sencillez qué es ser santos, y lo hizo cuando nos dejó las bienaventuranzas (cf. Mt 5,3-12; Lc 6,20-23). Son como el carnet de identidad del cristiano. Así, si alguno de nosotros se plantea la pregunta: "¿Cómo se hace para llegar a ser un buen cristiano?", la respuesta es sencilla: es necesario hacer, cada uno a su modo, lo que dice Jesús en el sermón de las bienaventuranzas.[66] En ellas se dibuja el rostro del Maestro, que estamos llamados a transparentar en lo cotidiano de nuestras vidas.

64. La palabra "feliz" o "bienaventurado", pasa a ser sinónimo de "santo", porque expresa que la persona que es fiel a Dios y vive su Palabra alcanza, en la entrega de sí, la verdadera dicha.

A CONTRACORRIENTE

65. Aunque las palabras de Jesús puedan parecernos poéticas, sin embargo van muy a contracorriente con respecto a lo que es costumbre, a lo que se hace en la sociedad; y, si bien este mensaje de Jesús nos atrae, en realidad el mundo nos lleva hacia otro estilo de vida. Las bienaventuranzas de ninguna manera son algo liviano o superficial; al contrario, ya que solo podemos vivirlas si el Espíritu

---

[66] Cf. *Homilía en la Misa de la Casa Santa Marta* (9 junio 2014): *L'Osservatore Romano*, ed. semanal en lengua española (13 junio 2014), p. 11.

Santo nos invade con toda su potencia y nos libera de la debilidad del egoísmo, de la comodidad, del orgullo.

66. Volvamos a escuchar a Jesús, con todo el amor y el respeto que merece el Maestro. Permitámosle que nos golpee con sus palabras, que nos desafíe, que nos interpele a un cambio real de vida. De otro modo, la santidad será solo palabras. Recordamos ahora las distintas bienaventuranzas en la versión del evangelio de Mateo (cf. Mt 5,3-12).[67]

"Felices los pobres de espíritu, porque de ellos es el reino de los cielos"

67. El Evangelio nos invita a reconocer la verdad de nuestro corazón, para ver dónde colocamos la seguridad de nuestra vida. Normalmente el rico se siente seguro con sus riquezas, y cree que cuando están en riesgo, todo el sentido de su vida en la tierra se desmorona. Jesús mismo nos lo dijo en la parábola del rico insensato, de ese hombre seguro que, como necio, no pensaba que podría morir ese mismo día (cf. Lc 12,16-21).

68. Las riquezas no te aseguran nada. Es más: cuando el corazón se siente rico, está tan satisfecho de sí mismo que no tiene espacio para la Palabra de Dios, para amar a los hermanos ni para gozar de las cosas más grandes de la vida. Así se priva de los mayores bienes. Por eso Jesús llama felices a los pobres de espíritu, que tienen el corazón pobre, donde puede entrar el Señor con su constante novedad.

69. Esta pobreza de espíritu está muy relacionada con aquella "santa indiferencia" que proponía san Ignacio de Loyola, en la cual alcanzamos una hermosa libertad interior: "Es menester hacernos indiferentes a todas las cosas criadas, en todo lo que es concedido a

---

[67] El orden entre la segunda y la tercera bienaventuranza cambia según las diversas tradiciones textuales.

la libertad de nuestro libre albedrío, y no le está prohibido; en tal manera, que no queramos de nuestra parte más salud que enfermedad, riqueza que pobreza, honor que deshonor, vida larga que corta, y por consiguiente en todo lo demás".[68]

70. Lucas no habla de una pobreza "de espíritu" sino de ser "pobres" a secas (cf. Lc 6,20), y así nos invita también a una existencia austera y despojada. De ese modo, nos convoca a compartir la vida de los más necesitados, la vida que llevaron los Apóstoles, y en definitiva a configurarnos con Jesús, que "siendo rico se hizo pobre" (2 Co 8,9).

Ser pobre en el corazón, esto es santidad.

"Felices los mansos, porque heredarán la tierra"

71. Es una expresión fuerte, en este mundo que desde el inicio es un lugar de enemistad, donde se riñe por doquier, donde por todos lados hay odio, donde constantemente clasificamos a los demás por sus ideas, por sus costumbres, y hasta por su forma de hablar o de vestir. En definitiva, es el reino del orgullo y de la vanidad, donde cada uno se cree con el derecho de alzarse por encima de los otros. Sin embargo, aunque parezca imposible, Jesús propone otro estilo: la mansedumbre. Es lo que él practicaba con sus propios discípulos y lo que contemplamos en su entrada a Jerusalén: "Mira a tu rey, que viene a ti, humilde, montado en una borrica" (Mt 21,5; cf. Za 9,9).

72. Él dijo: "Aprended de mí, que soy manso y humilde de corazón, y encontraréis descanso para vuestras almas" (Mt 11,29). Si vivimos tensos, engreídos ante los demás, terminamos cansados y agotados. Pero cuando miramos sus límites y defectos con ternura y mansedumbre, sin sentirnos más que ellos, podemos darles una mano y evitamos desgastar energías en lamentos inútiles. Para santa

---

68 *Ejercicios espirituales*, 23.

Teresa de Lisieux "la caridad perfecta consiste en soportar los defectos de los demás, en no escandalizarse de sus debilidades".[69]

73. Pablo menciona la mansedumbre como un fruto del Espíritu Santo (cf. Ga 5,23). Propone que, si alguna vez nos preocupan las malas acciones del hermano, nos acerquemos a corregirle, pero "con espíritu de mansedumbre" (Ga 6,1), y recuerda: "Piensa que también tú puedes ser tentado" (ibíd.). Aun cuando uno defienda su fe y sus convicciones debe hacerlo con mansedumbre (cf. 1 P 3,16), y hasta los adversarios deben ser tratados con mansedumbre (cf. 2 Tm 2,25). En la Iglesia muchas veces nos hemos equivocado por no haber acogido este pedido de la Palabra divina.

74. La mansedumbre es otra expresión de la pobreza interior, de quien deposita su confianza solo en Dios. De hecho, en la Biblia suele usarse la misma palabra *anawin* para referirse a los pobres y a los mansos. Alguien podría objetar: "Si yo soy tan manso, pensarán que soy un necio, que soy tonto o débil". Tal vez sea así, pero dejemos que los demás piensen esto. Es mejor ser siempre mansos, y se cumplirán nuestros mayores anhelos: los mansos "poseerán la tierra", es decir, verán cumplidas en sus vidas las promesas de Dios. Porque los mansos, más allá de lo que digan las circunstancias, esperan en el Señor, y los que esperan en el Señor poseerán la tierra y gozarán de inmensa paz (cf. Sal 37,9.11). Al mismo tiempo, el Señor confía en ellos: "En ese pondré mis ojos, en el humilde y el abatido, que se estremece ante mis palabras" (Is 66,2).

Reaccionar con humilde mansedumbre, esto es santidad.

---

[69] *Manuscrito C*, 12r.

"Felices los que lloran, porque ellos serán consolados"

75. El mundo nos propone lo contrario: el entretenimiento, el disfrute, la distracción, la diversión, y nos dice que eso es lo que hace buena la vida. El mundano ignora, mira hacia otra parte cuando hay problemas de enfermedad o de dolor en la familia o a su alrededor. El mundo no quiere llorar: prefiere ignorar las situaciones dolorosas, cubrirlas, esconderlas. Se gastan muchas energías por escapar de las circunstancias donde se hace presente el sufrimiento, creyendo que es posible disimular la realidad, donde nunca, nunca, puede faltar la cruz.

76. La persona que ve las cosas como son realmente, se deja traspasar por el dolor y llora en su corazón, es capaz de tocar las profundidades de la vida y de ser auténticamente feliz.[70] Esa persona es consolada, pero con el consuelo de Jesús y no con el del mundo. Así puede atreverse a compartir el sufrimiento ajeno y deja de huir de las situaciones dolorosas. De ese modo encuentra que la vida tiene sentido socorriendo al otro en su dolor, comprendiendo la angustia ajena, aliviando a los demás. Esa persona siente que el otro es carne de su carne, no teme acercarse hasta tocar su herida, se compadece hasta experimentar que las distancias se borran. Así es posible acoger aquella exhortación de san Pablo: "Llorad con los que lloran" (Rm 12,15).

Saber llorar con los demás, esto es santidad.

---

[70] Desde los tiempos patrísticos, la Iglesia valora el don de lágrimas, como se puede ver también en la hermosa oración *Ad petendam compunctionem cordis*: "Oh Dios omnipotente y mansísimo, que para el pueblo sediento hiciste surgir de la roca una fuente de agua viva, haz brotar de la dureza de nuestros corazones lágrimas de compunción, para que llorando nuestros pecados, obtengamos por tu misericordia el perdón" (*Missale Romanum*, ed. typ. 1962, p. [110]).

"Felices los que tienen hambre y sed de justicia, porque ellos quedarán saciados"

77. "Hambre y sed" son experiencias muy intensas, porque responden a necesidades primarias y tienen que ver con el instinto de sobrevivir. Hay quienes con esa intensidad desean la justicia y la buscan con un anhelo tan fuerte. Jesús dice que serán saciados, ya que tarde o temprano la justicia llega, y nosotros podemos colaborar para que sea posible, aunque no siempre veamos los resultados de este empeño.

78. Pero la justicia que propone Jesús no es como la que busca el mundo, tantas veces manchada por intereses mezquinos, manipulada para un lado o para otro. La realidad nos muestra qué fácil es entrar en las pandillas de la corrupción, formar parte de esa política cotidiana del "doy para que me den", donde todo es negocio. Y cuánta gente sufre por las injusticias, cuántos se quedan observando impotentes cómo los demás se turnan para repartirse la torta de la vida. Algunos desisten de luchar por la verdadera justicia, y optan por subirse al carro del vencedor. Eso no tiene nada que ver con el hambre y la sed de justicia que Jesús elogia.

79. Tal justicia empieza por hacerse realidad en la vida de cada uno siendo justo en las propias decisiones, y luego se expresa buscando la justicia para los pobres y débiles. Es cierto que la palabra "justicia" puede ser sinónimo de fidelidad a la voluntad de Dios con toda nuestra vida, pero si le damos un sentido muy general olvidamos que se manifiesta especialmente en la justicia con los desamparados: "Buscad la justicia, socorred al oprimido, proteged el derecho del huérfano, defended a la viuda" (Is 1,17).
Buscar la justicia con hambre y sed, esto es santidad.

"Felices los misericordiosos, porque ellos alcanzarán misericordia"

80. La misericordia tiene dos aspectos: es dar, ayudar, servir a los otros, y también perdonar, comprender. Mateo lo resume en una regla de oro: "Todo lo que queráis que haga la gente con vosotros, hacedlo vosotros con ella" (7,12). El *Catecismo* nos recuerda que esta ley se debe aplicar "en todos los casos",[71] de manera especial cuando alguien "se ve a veces enfrentado con situaciones que hacen el juicio moral menos seguro, y la decisión difícil".[72]

81. Dar y perdonar es intentar reproducir en nuestras vidas un pequeño reflejo de la perfección de Dios, que da y perdona sobreabundantemente. Por tal razón, en el evangelio de Lucas ya no escuchamos el "sed perfectos" (Mt 5,48) sino "sed misericordiosos como vuestro Padre es misericordioso; no juzguéis, y no seréis juzgados; no condenéis, y no seréis condenados; perdonad, y seréis perdonados; dad, y se os dará" (6,36-38). Y luego Lucas agrega algo que no deberíamos ignorar: "Con la medida con que midiereis se os medirá a vosotros" (6,38). La medida que usemos para comprender y perdonar se aplicará a nosotros para perdonarnos. La medida que apliquemos para dar, se nos aplicará en el cielo para recompensarnos. No nos conviene olvidarlo.

82. Jesús no dice: "Felices los que planean venganza", sino que llama felices a aquellos que perdonan y lo hacen "setenta veces siete" (Mt 18,22). Es necesario pensar que todos nosotros somos un ejército de perdonados. Todos nosotros hemos sido mirados con compasión divina. Si nos acercamos sinceramente al Señor y afinamos el oído, posiblemente escucharemos algunas veces este reproche: "¿No

---

71 *Catecismo de la Iglesia Católica*, no. 1789; cf. no. 1970.
72 Ibíd., no. 1787.

debías tú también tener compasión de tu compañero, como yo tuve compasión de ti?" (Mt 18,33).

Mirar y actuar con misericordia, esto es santidad.

"Felices los de corazón limpio, porque ellos verán a Dios"

83. Esta bienaventuranza se refiere a quienes tienen un corazón sencillo, puro, sin suciedad, porque un corazón que sabe amar no deja entrar en su vida algo que atente contra ese amor, algo que lo debilite o lo ponga en riesgo. En la Biblia, el corazón son nuestras intenciones verdaderas, lo que realmente buscamos y deseamos, más allá de lo que aparentamos: "El hombre mira las apariencias, pero el Señor mira el corazón" (1 S 16,7). Él busca hablarnos en el corazón (cf. Os 2,16) y allí desea escribir su Ley (cf. Jr 31,33). En definitiva, quiere darnos un corazón nuevo (cf. Ez 36,26).

84. Lo que más hay que cuidar es el corazón (cf. Pr 4,23). Nada manchado por la falsedad tiene un valor real para el Señor. Él "huye de la falsedad, se aleja de los pensamientos vacíos" (Sb 1,5). El Padre, que "ve en lo secreto" (Mt 6,6), reconoce lo que no es limpio, es decir, lo que no es sincero, sino solo cáscara y apariencia, así como el Hijo sabe también "lo que hay dentro de cada hombre" (Jn 2,25).

85. Es cierto que no hay amor sin obras de amor, pero esta bienaventuranza nos recuerda que el Señor espera una entrega al hermano que brote del corazón, ya que "si repartiera todos mis bienes entre los necesitados; si entregara mi cuerpo a las llamas, pero no tengo amor, de nada me serviría" (1 Co 13,3). En el evangelio de Mateo vemos también que lo que viene de dentro del corazón es lo que contamina al hombre (cf. 15,18), porque de allí proceden los asesinatos, el robo, los falsos testimonios, y demás cosas (cf. 15,19). En las intenciones del corazón se originan los deseos y las decisiones más profundas que realmente nos mueven.

86. Cuando el corazón ama a Dios y al prójimo (cf. Mt 22,36-40), cuando esa es su intención verdadera y no palabras vacías, entonces ese corazón es puro y puede ver a Dios. San Pablo, en medio de su himno a la caridad, recuerda que "ahora vemos como en un espejo, confusamente" (1 Co 13,12), pero en la medida que reine de verdad el amor, nos volveremos capaces de ver "cara a cara" (ibíd.). Jesús promete que los de corazón puro "verán a Dios".

Mantener el corazón limpio de todo lo que mancha el amor, esto es santidad.

"Felices los que trabajan por la paz, porque ellos serán llamados hijos de Dios"

87. Esta bienaventuranza nos hace pensar en las numerosas situaciones de guerra que se repiten. Para nosotros es muy común ser agentes de enfrentamientos o al menos de malentendidos. Por ejemplo, cuando escucho algo de alguien y voy a otro y se lo digo; e incluso hago una segunda versión un poco más amplia y la difundo. Y si logro hacer más daño, parece que me provoca mayor satisfacción. El mundo de las habladurías, hecho por gente que se dedica a criticar y a destruir, no construye la paz. Esa gente más bien es enemiga de la paz y de ningún modo bienaventurada.[73]

88. Los pacíficos son fuente de paz, construyen paz y amistad social. A esos que se ocupan de sembrar paz en todas partes, Jesús les hace una promesa hermosa: "Ellos serán llamados hijos de Dios" (Mt 5,9). Él pedía a los discípulos que cuando llegaran a un hogar dijeran: "Paz a esta casa" (Lc 10,5). La Palabra de Dios exhorta a cada creyente para que busque la paz junto con todos (cf. 2 Tm 2,22), porque "el fruto de la justicia se siembra en la paz para quienes

---

73 La difamación y la calumnia son como un acto terrorista: se arroja la bomba, se destruye, y el atacante se queda feliz y tranquilo. Esto es muy diferente de la nobleza de quien se acerca a conversar cara a cara, con serena sinceridad, pensando en el bien del otro.

trabajan por la paz" (St 3,18). Y si en alguna ocasión en nuestra comunidad tenemos dudas acerca de lo que hay que hacer, "procuremos lo que favorece la paz" (Rm 14,19) porque la unidad es superior al conflicto.[74]

89. No es fácil construir esta paz evangélica que no excluye a nadie sino que integra también a los que son algo extraños, a las personas difíciles y complicadas, a los que reclaman atención, a los que son diferentes, a quienes están muy golpeados por la vida, a los que tienen otros intereses. Es duro y requiere una gran amplitud de mente y de corazón, ya que no se trata de "un consenso de escritorio o una efímera paz para una minoría feliz",[75] ni de un proyecto "de unos pocos para unos pocos".[76] Tampoco pretende ignorar o disimular los conflictos, sino "aceptar sufrir el conflicto, resolverlo y transformarlo en el eslabón de un nuevo proceso".[77] Se trata de ser artesanos de la paz, porque construir la paz es un arte que requiere serenidad, creatividad, sensibilidad y destreza.

Sembrar paz a nuestro alrededor, esto es santidad.

"Felices los perseguidos por causa de la justicia, porque de ellos es el Reino de los cielos"

90. Jesús mismo remarca que este camino va a contracorriente hasta el punto de convertirnos en seres que cuestionan a la sociedad con su vida, personas que molestan. Jesús recuerda cuánta gente es perseguida y ha sido perseguida sencillamente por haber luchado por la justicia, por haber vivido sus compromisos con Dios y con los

---

74 En algunas ocasiones puede ser necesario conversar acerca de las dificultades de algún hermano. En estos casos puede ocurrir que se transmita un relato en lugar de un hecho objetivo. La pasión deforma la realidad concreta del hecho, lo transforma en relato y termina transmitiendo ese relato cargado de subjetividad. Así se destruye la realidad y no se respeta la verdad del otro.

75 Exhort. ap. *Evangelii gaudium* (24 noviembre 2013), no. 218: AAS 105 (2013), 1110.

76 Ibíd., no. 239: 1116.

77 Ibíd., no. 227: 1112.

demás. Si no queremos sumergirnos en una oscura mediocridad no pretendamos una vida cómoda, porque "quien quiera salvar su vida la perderá" (Mt 16,25).

91. No se puede esperar, para vivir el Evangelio, que todo a nuestro alrededor sea favorable, porque muchas veces las ambiciones del poder y los intereses mundanos juegan en contra nuestra. San Juan Pablo II decía que "está alienada una sociedad que, en sus formas de organización social, de producción y consumo, hace más difícil la realización de esta donación [de sí] y la formación de esa solidaridad interhumana".[78] En una sociedad así, alienada, atrapada en una trama política, mediática, económica, cultural e incluso religiosa que impide un auténtico desarrollo humano y social, se vuelve difícil vivir las bienaventuranzas, llegando incluso a ser algo mal visto, sospechado, ridiculizado.

92. La cruz, sobre todo los cansancios y los dolores que soportamos por vivir el mandamiento del amor y el camino de la justicia, es fuente de maduración y de santificación. Recordemos que cuando el Nuevo Testamento habla de los sufrimientos que hay que soportar por el Evangelio, se refiere precisamente a las persecuciones (cf. Hch 5,41; Flp 1,29; Col 1,24; 2 Tm 1,12; 1 P 2,20; 4,14-16; Ap 2,10).

93. Pero hablamos de las persecuciones inevitables, no de las que podamos ocasionarnos nosotros mismos con un modo equivocado de tratar a los demás. Un santo no es alguien raro, lejano, que se vuelve insoportable por su vanidad, su negatividad y sus resentimientos. No eran así los Apóstoles de Cristo. El libro de los Hechos cuenta insistentemente que ellos gozaban de la simpatía "de todo el pueblo" (2,47; cf. 4,21.33; 5,13) mientras algunas autoridades los acosaban y perseguían (cf. 4,1-3; 5,17-18).

---

78 Carta enc. *Centesimus annus* (1 mayo 1991), no. 41c: AAS 83 (1991), 844-845.

94. Las persecuciones no son una realidad del pasado, porque hoy también las sufrimos, sea de manera cruenta, como tantos mártires contemporáneos, o de un modo más sutil, a través de calumnias y falsedades. Jesús dice que habrá felicidad cuando "os calumnien de cualquier modo por mi causa" (Mt 5,11). Otras veces se trata de burlas que intentan desfigurar nuestra fe y hacernos pasar como seres ridículos.

Aceptar cada día el camino del Evangelio aunque nos traiga problemas, esto es santidad.

EL GRAN PROTOCOLO

95. En el capítulo 25 del evangelio de Mateo (vv. 31-46), Jesús vuelve a detenerse en una de estas bienaventuranzas, la que declara felices a los misericordiosos. Si buscamos esa santidad que agrada a los ojos de Dios, en este texto hallamos precisamente un protocolo sobre el cual seremos juzgados: "Porque tuve hambre y me disteis de comer, tuve sed y me disteis de beber, fui forastero y me hospedasteis, estuve desnudo y me vestisteis, enfermo y me visitasteis, en la cárcel y vinisteis a verme" (25,35-36).

Por fidelidad al Maestro

96. Por lo tanto, ser santos no significa blanquear los ojos en un supuesto éxtasis. Decía san Juan Pablo II que "si verdaderamente hemos partido de la contemplación de Cristo, tenemos que saberlo descubrir sobre todo en el rostro de aquellos con los que él mismo ha querido identificarse".[79] El texto de Mateo 25,35-36 "no es una simple invitación a la caridad: es una página de cristología, que ilumina el misterio de Cristo".[80] En este llamado a reconocerlo en los pobres y sufrientes se revela el mismo corazón de Cristo, sus

---
79 Carta ap. *Novo millennio ineunte* (6 enero 2001), no. 49: AAS 93 (2001), 302.
80 Ibíd.

sentimientos y opciones más profundas, con las cuales todo santo intenta configurarse.

97. Ante la contundencia de estos pedidos de Jesús es mi deber, como Vicario suyo, rogar a los cristianos que los acepten y reciban con sincera apertura, "*sine glossa*", es decir, sin comentario, sin elucubraciones y excusas que les quiten fuerza. El Señor nos dejó bien claro que la santidad no puede entenderse ni vivirse al margen de estas exigencias suyas, porque la misericordia es "el corazón palpitante del Evangelio".[81]

98. Cuando encuentro a una persona durmiendo a la intemperie, en una noche fría, puedo sentir que ese bulto es un imprevisto que me interrumpe, un delincuente ocioso, un estorbo en mi camino, un aguijón molesto para mi conciencia, un problema que deben resolver los políticos, y quizá hasta una basura que ensucia el espacio público. O puedo reaccionar desde la fe y la caridad, y reconocer en él a un ser humano con mi misma dignidad, a una creatura infinitamente amada por el Padre, a una imagen de Dios, a un hermano redimido por Jesucristo. ¡Eso es ser cristianos! ¿O acaso puede entenderse la santidad al margen de este reconocimiento vivo de la dignidad de todo ser humano?[82]

99. Esto implica para los cristianos una sana y permanente insatisfacción. Aunque aliviar a una sola persona ya justificaría todos nuestros esfuerzos, eso no nos basta. Los Obispos de Canadá lo expresaron claramente mostrando que, en las enseñanzas bíblicas sobre el Jubileo, por ejemplo, no se trata solo de realizar algunas buenas obras sino de buscar un cambio social: "Para que las generaciones posteriores también fueran liberadas, claramente el objetivo

---

81 Bula *Misericordiae Vultus* (11 abril 2015), no. 12: AAS 107 (2015), 407.
82 Recordemos la reacción del buen samaritano ante el hombre que unos bandidos dejaron medio muerto al borde del camino (cf. Lc 10,30-37).

debía ser la restauración de sistemas sociales y económicos justos para que ya no pudiera haber exclusión".[83]

Las ideologías que mutilan el corazón del Evangelio

100. Lamento que a veces las ideologías nos lleven a dos errores nocivos. Por una parte, el de los cristianos que separan estas exigencias del Evangelio de su relación personal con el Señor, de la unión interior con él, de la gracia. Así se convierte al cristianismo en una especie de ONG, quitándole esa mística luminosa que tan bien vivieron y manifestaron san Francisco de Asís, san Vicente de Paúl, santa Teresa de Calcuta y otros muchos. A estos grandes santos ni la oración, ni el amor de Dios, ni la lectura del Evangelio les disminuyeron la pasión o la eficacia de su entrega al prójimo, sino todo lo contrario.

101. También es nocivo e ideológico el error de quienes viven sospechando del compromiso social de los demás, considerándolo algo superficial, mundano, secularista, inmanentista, comunista, populista. O lo relativizan como si hubiera otras cosas más importantes o como si solo interesara una determinada ética o una razón que ellos defienden. La defensa del inocente que no ha nacido, por ejemplo, debe ser clara, firme y apasionada, porque allí está en juego la dignidad de la vida humana, siempre sagrada, y lo exige el amor a cada persona más allá de su desarrollo. Pero igualmente sagrada es la vida de los pobres que ya han nacido, que se debaten en la miseria, el abandono, la postergación, la trata de personas, la eutanasia encubierta en los enfermos y ancianos privados de atención, las nuevas

---

83 Conferencia Canadiense de Obispos Católicos. Comisión de Asuntos Sociales, Carta abierta a los miembros del Parlamento, *The Common Good or Exclusion: A Choice for Canadians* (1 febrero 2001), 9.

formas de esclavitud, y en toda forma de descarte.[84] No podemos plantearnos un ideal de santidad que ignore la injusticia de este mundo, donde unos festejan, gastan alegremente y reducen su vida a las novedades del consumo, al mismo tiempo que otros solo miran desde afuera mientras su vida pasa y se acaba miserablemente.

102. Suele escucharse que, frente al relativismo y a los límites del mundo actual, sería un asunto menor la situación de los migrantes, por ejemplo. Algunos católicos afirman que es un tema secundario al lado de los temas "serios" de la bioética. Que diga algo así un político preocupado por sus éxitos se puede comprender; pero no un cristiano, a quien solo le cabe la actitud de ponerse en los zapatos de ese hermano que arriesga su vida para dar un futuro a sus hijos. ¿Podemos reconocer que es precisamente eso lo que nos reclama Jesucristo cuando nos dice que a él mismo lo recibimos en cada forastero (cf. Mt 25,35)? San Benito lo había asumido sin vueltas y, aunque eso pudiera "complicar" la vida de los monjes, estableció que a todos los huéspedes que se presentaran en el monasterio se los acogiera "como a Cristo",[85] expresándolo aun con gestos de adoración,[86] y que a los pobres y peregrinos se los tratara "con el máximo cuidado y solicitud".[87]

103. Algo semejante plantea el Antiguo Testamento cuando dice: "No maltratarás ni oprimirás al emigrante, pues emigrantes fuisteis vosotros en la tierra de Egipto" (Ex 22,20). "Si un emigrante reside con vosotros en vuestro país, no lo oprimiréis. El emigrante que

---

[84] Cf. La V Conferencia General del Episcopado Latinoamericano y del Caribe, según el magisterio constante de la Iglesia, ha enseñado que el ser humano "es siempre sagrado, desde su concepción, en todas las etapas de su existencia, hasta su muerte natural y después de la muerte", y que su vida debe ser cuidada "desde la concepción, en todas sus etapas, y hasta la muerte natural" (*Documento de Aparecida*, 29 junio 2007, 388,464).

[85] *Regla*, 53, 1: *PL* 66, 749.

[86] Cf. Ibíd., 53, 7: *PL* 66, 750.

[87] Ibíd., 53, 15: *PL* 66, 751.

reside entre vosotros será para vosotros como el indígena: lo amarás como a ti mismo, porque emigrantes fuisteis en Egipto" (Lv 19,33-34). Por lo tanto, no se trata de un invento de un Papa o de un delirio pasajero. Nosotros también, en el contexto actual, estamos llamados a vivir el camino de iluminación espiritual que nos presentaba el profeta Isaías cuando se preguntaba qué es lo que agrada a Dios: "Partir tu pan con el hambriento, hospedar a los pobres sin techo, cubrir a quien ves desnudo y no desentenderte de los tuyos. Entonces surgirá tu luz como la aurora" (58,7-8).

El culto que más le agrada

104. Podríamos pensar que damos gloria a Dios solo con el culto y la oración, o únicamente cumpliendo algunas normas éticas —es verdad que el primado es la relación con Dios—, y olvidamos que el criterio para evaluar nuestra vida es ante todo lo que hicimos con los demás. La oración es preciosa si alimenta una entrega cotidiana de amor. Nuestro culto agrada a Dios cuando allí llevamos los intentos de vivir con generosidad y cuando dejamos que el don de Dios que recibimos en él se manifieste en la entrega a los hermanos.

105. Por la misma razón, el mejor modo de discernir si nuestro camino de oración es auténtico será mirar en qué medida nuestra vida se va transformando a la luz de la misericordia. Porque "la misericordia no es solo el obrar del Padre, sino que ella se convierte en el criterio para saber quiénes son realmente sus verdaderos hijos".[88] Ella "es la viga maestra que sostiene la vida de la Iglesia".[89] Quiero remarcar una vez más que, si bien la misericordia no excluye la justicia y la verdad, "ante todo tenemos que decir que la misericordia

---

88 Bula *Misericordiae Vultus* (11 abril 2015), no. 9: AAS 107 (2015), 405.
89 Ibíd., no. 10: AAS 107 (2015), 406.

es la plenitud de la justicia y la manifestación más luminosa de la verdad de Dios".[90] Ella "es la llave del cielo".[91]

106. No puedo dejar de recordar aquella pregunta que se hacía santo Tomás de Aquino cuando se planteaba cuáles son nuestras acciones más grandes, cuáles son las obras externas que mejor manifiestan nuestro amor a Dios. Él respondió sin dudar que son las obras de misericordia con el prójimo,[92] más que los actos de culto: "No adoramos a Dios con sacrificios y dones exteriores por él mismo, sino por nosotros y por el prójimo. Él no necesita nuestros sacrificios, pero quiere que se los ofrezcamos por nuestra devoción y para la utilidad del prójimo. Por eso, la misericordia, que socorre los defectos ajenos, es el sacrificio que más le agrada, ya que causa más de cerca la utilidad del prójimo".[93]

107. Quien de verdad quiera dar gloria a Dios con su vida, quien realmente anhele santificarse para que su existencia glorifique al Santo, está llamado a obsesionarse, desgastarse y cansarse intentando vivir las obras de misericordia. Es lo que había comprendido muy bien santa Teresa de Calcuta: "Sí, tengo muchas debilidades humanas, muchas miserias humanas. . . . Pero él baja y nos usa, a usted y a mí, para ser su amor y su compasión en el mundo, a pesar de nuestros pecados, a pesar de nuestras miserias y defectos. Él depende de nosotros para amar al mundo y demostrarle lo mucho que lo ama. Si nos ocupamos demasiado de nosotros mismos, no nos quedará tiempo para los demás".[94]

108. El consumismo hedonista puede jugarnos una mala pasada, porque en la obsesión por pasarla bien terminamos excesivamente

---

90   Exhort. ap. postsin. *Amoris laetitia* (19 marzo 2016), no. 311: AAS 108 (2016), 439.
91   Exhort. ap. *Evangelii gaudium* (24 noviembre 2013), no. 197: AAS 105 (2013), 1103.
92   Cf. *Summa Theologiae* II-II, q.30, a.4.
93   Ibíd., ad 1.
94   *Cristo en los pobres*, Madrid 1981, 37-38.

concentrados en nosotros mismos, en nuestros derechos y en esa desesperación por tener tiempo libre para disfrutar. Será difícil que nos ocupemos y dediquemos energías a dar una mano a los que están mal si no cultivamos una cierta austeridad, si no luchamos contra esa fiebre que nos impone la sociedad de consumo para vendernos cosas, y que termina convirtiéndonos en pobres insatisfechos que quieren tenerlo todo y probarlo todo. También el consumo de información superficial y las formas de comunicación rápida y virtual pueden ser un factor de atontamiento que se lleva todo nuestro tiempo y nos aleja de la carne sufriente de los hermanos. En medio de esta vorágine actual, el Evangelio vuelve a resonar para ofrecernos una vida diferente, más sana y más feliz.

***

109. La fuerza del testimonio de los santos está en vivir las bienaventuranzas y el protocolo del juicio final. Son pocas palabras, sencillas, pero prácticas y válidas para todos, porque el cristianismo es principalmente para ser practicado, y si es también objeto de reflexión, eso solo es válido cuando nos ayuda a vivir el Evangelio en la vida cotidiana. Recomiendo vivamente releer con frecuencia estos grandes textos bíblicos, recordarlos, orar con ellos, intentar hacerlos carne. Nos harán bien, nos harán genuinamente felices.

CAPÍTULO CUARTO

Algunas notas de la santidad en el mundo actual

110. Dentro del gran marco de la santidad que nos proponen las bienaventuranzas y Mateo 25,31-46, quisiera recoger algunas notas o expresiones espirituales que, a mi juicio, no deben faltar para entender el estilo de vida al que el Señor nos llama. No me detendré a explicar los medios de santificación que ya conocemos: los distintos métodos de oración, los preciosos sacramentos de la Eucaristía y la Reconciliación, la ofrenda de sacrificios, las diversas formas de devoción, la dirección espiritual, y tantos otros. Solo me referiré a algunos aspectos del llamado a la santidad que espero resuenen de modo especial.

111. Estas notas que quiero destacar no son todas las que pueden conformar un modelo de santidad, pero son cinco grandes manifestaciones del amor a Dios y al prójimo que considero de particular importancia, debido a algunos riesgos y límites de la cultura de hoy. En ella se manifiestan: la ansiedad nerviosa y violenta que nos dispersa y nos debilita; la negatividad y la tristeza; la acedia cómoda, consumista y egoísta; el individualismo, y tantas formas de falsa espiritualidad sin encuentro con Dios que reinan en el mercado religioso actual.

AGUANTE, PACIENCIA Y MANSEDUMBRE

112. La primera de estas grandes notas es estar centrado, firme en torno a Dios que ama y que sostiene. Desde esa firmeza interior es posible aguantar, soportar las contrariedades, los vaivenes de

la vida, y también las agresiones de los demás, sus infidelidades y defectos: "Si Dios está con nosotros, ¿quién estará contra nosotros?" (Rm 8,31). Esto es fuente de la paz que se expresa en las actitudes de un santo. A partir de tal solidez interior, el testimonio de santidad, en nuestro mundo acelerado, voluble y agresivo, está hecho de paciencia y constancia en el bien. Es la fidelidad del amor, porque quien se apoya en Dios (*pistis*) también puede ser fiel frente a los hermanos (*pistós*), no los abandona en los malos momentos, no se deja llevar por su ansiedad y se mantiene al lado de los demás aun cuando eso no le brinde satisfacciones inmediatas.

113. San Pablo invitaba a los romanos a no devolver "a nadie mal por mal" (Rm 12,17), a no querer hacerse justicia "por vuestra cuenta" (v.19), y a no dejarse vencer por el mal, sino a vencer "al mal con el bien" (v.21). Esta actitud no es expresión de debilidad sino de la verdadera fuerza, porque el mismo Dios "es lento para la ira pero grande en poder" (Na 1,3). La Palabra de Dios nos reclama: "Desterrad de vosotros la amargura, la ira, los enfados e insultos y toda maldad" (Ef 4,31).

114. Hace falta luchar y estar atentos frente a nuestras propias inclinaciones agresivas y egocéntricas para no permitir que se arraiguen: "Si os indignáis, no lleguéis a pecar; que el sol no se ponga sobre vuestra ira" (Ef 4,26). Cuando hay circunstancias que nos abruman, siempre podemos recurrir al ancla de la súplica, que nos lleva a quedar de nuevo en las manos de Dios y junto a la fuente de la paz: "Nada os preocupe; sino que, en toda ocasión, en la oración y en la súplica, con acción de gracias, vuestras peticiones sean presentadas a Dios. Y la paz de Dios, que supera todo juicio, custodiará vuestros corazones" (Flp 4,6-7).

115. También los cristianos pueden formar parte de redes de violencia verbal a través de internet y de los diversos foros o espacios de intercambio digital. Aun en medios católicos se pueden perder los

límites, se suelen naturalizar la difamación y la calumnia, y parece quedar fuera toda ética y respeto por la fama ajena. Así se produce un peligroso dualismo, porque en estas redes se dicen cosas que no serían tolerables en la vida pública, y se busca compensar las propias insatisfacciones descargando con furia los deseos de venganza. Es llamativo que a veces, pretendiendo defender otros mandamientos, se pasa por alto completamente el octavo: "No levantar falso testimonio ni mentir", y se destroza la imagen ajena sin piedad. Allí se manifiesta con descontrol que la lengua "es un mundo de maldad" y "encendida por el mismo infierno, hace arder todo el ciclo de la vida" (St 3,6).

116. La firmeza interior que es obra de la gracia, nos preserva de dejarnos arrastrar por la violencia que invade la vida social, porque la gracia aplaca la vanidad y hace posible la mansedumbre del corazón. El santo no gasta sus energías lamentando los errores ajenos, es capaz de hacer silencio ante los defectos de sus hermanos y evita la violencia verbal que arrasa y maltrata, porque no se cree digno de ser duro con los demás, sino que los considera como superiores a uno mismo (cf. Flp 2,3).

117. No nos hace bien mirar desde arriba, colocarnos en el lugar de jueces sin piedad, considerar a los otros como indignos y pretender dar lecciones permanentemente. Esa es una sutil forma de violencia.[95] San Juan de la Cruz proponía otra cosa: "Sea siempre más amigo de ser enseñado por todos que de querer enseñar aun al que es menos que todos".[96] Y agregaba un consejo para tener lejos al demonio: "Gozándote del bien de los otros como de ti mismo, y queriendo que los pongan a ellos delante de ti en todas las cosas, y esto con verdadero corazón. De esta manera vencerás el mal con el bien y echarás lejos al demonio y traerás alegría de corazón. Procura

---

95 Hay muchas formas de *bullying* que, aunque parezcan elegantes o respetuosas e incluso muy espirituales, provocan mucho sufrimiento en la autoestima de los demás.
96 *Cautelas*, 13b.

ejercitarlo más con los que menos te caen en gracia. Y sabe que si no ejercitas esto, no llegarás a la verdadera caridad ni aprovecharás en ella".[97]

118. La humildad solamente puede arraigarse en el corazón a través de las humillaciones. Sin ellas no hay humildad ni santidad. Si tú no eres capaz de soportar y ofrecer algunas humillaciones no eres humilde y no estás en el camino de la santidad. La santidad que Dios regala a su Iglesia viene a través de la humillación de su Hijo, ése es el camino. La humillación te lleva a asemejarte a Jesús, es parte ineludible de la imitación de Jesucristo: "Cristo padeció por vosotros, dejándoos un ejemplo para que sigáis sus huellas"(1 P 2,21). Él a su vez expresa la humildad del Padre, que se humilla para caminar con su pueblo, que soporta sus infidelidades y murmuraciones (cf. Ex 34,6-9; Sb 11,23-12,2; Lc 6,36). Por esta razón los Apóstoles, después de la humillación, "salieron del Sanedrín dichosos de haber sido considerados dignos de padecer por el nombre de Jesús" (Hch 5,41).

119. No me refiero solo a las situaciones crudas de martirio, sino a las humillaciones cotidianas de aquellos que callan para salvar a su familia, o evitan hablar bien de sí mismos y prefieren exaltar a otros en lugar de gloriarse, eligen las tareas menos brillantes, e incluso a veces prefieren soportar algo injusto para ofrecerlo al Señor: "En cambio, que aguantéis cuando sufrís por hacer el bien, eso es una gracia de parte de Dios" (1 P 2,20). No es caminar con la cabeza baja, hablar poco o escapar de la sociedad. A veces, precisamente porque está liberado del egocentrismo, alguien puede atreverse a discutir amablemente, a reclamar justicia o a defender a los débiles ante los poderosos, aunque eso le traiga consecuencias negativas para su imagen.

---

[97] Ibíd., 13a.

120. No digo que la humillación sea algo agradable, porque eso sería masoquismo, sino que se trata de un camino para imitar a Jesús y crecer en la unión con él. Esto no se entiende naturalmente y el mundo se burla de semejante propuesta. Es una gracia que necesitamos suplicar: "Señor, cuando lleguen las humillaciones, ayúdame a sentir que estoy detrás de ti, en tu camino".

121. Tal actitud supone un corazón pacificado por Cristo, liberado de esa agresividad que brota de un yo demasiado grande. La misma pacificación que obra la gracia nos permite mantener una seguridad interior y aguantar, perseverar en el bien "aunque camine por cañadas oscuras" (Sal 23,4) o "si un ejército acampa contra mí" (Sal 27,3). Firmes en el Señor, la Roca, podemos cantar: "En paz me acuesto y enseguida me duermo, porque tú solo, Señor, me haces vivir tranquilo" (Sal 4,9). En definitiva, Cristo "es nuestra paz" (Ef 2,14), vino a "guiar nuestros pasos por el camino de la paz" (Lc 1,79). Él transmitió a santa Faustina Kowalska que "la humanidad no encontrará paz hasta que no se dirija con confianza a la misericordia divina".[98] Entonces no caigamos en la tentación de buscar la seguridad interior en los éxitos, en los placeres vacíos, en las posesiones, en el dominio sobre los demás o en la imagen social: "Os doy mi paz; pero no como la da el mundo" (Jn 14,27).

ALEGRÍA Y SENTIDO DEL HUMOR

122. Lo dicho hasta ahora no implica un espíritu apocado, tristón, agriado, melancólico, o un bajo perfil sin energía. El santo es capaz de vivir con alegría y sentido del humor. Sin perder el realismo, ilumina a los demás con un espíritu positivo y esperanzado. Ser cristianos es "gozo en el Espíritu Santo" (Rm 14,17), porque "al amor de caridad le sigue necesariamente el gozo, pues todo amante se goza en la unión con el amado... De ahí que la consecuencia de la

---

98 *Diario*, p. 132.

caridad sea el gozo".[99] Hemos recibido la hermosura de su Palabra y la abrazamos "en medio de una gran tribulación, con la alegría del Espíritu Santo"(1 Ts 1,6). Si dejamos que el Señor nos saque de nuestro caparazón y nos cambie la vida, entonces podremos hacer realidad lo que pedía san Pablo: "Alegraos siempre en el Señor; os lo repito, alegraos" (Flp 4,4).

123. Los profetas anunciaban el tiempo de Jesús, que nosotros estamos viviendo, como una revelación de la alegría: "Gritad jubilosos" (Is 12,6). "Súbete a un monte elevado, heraldo de Sión; alza fuerte la voz, heraldo de Jerusalén" (Is 40,9). "Romped a cantar, montañas, porque el Señor consuela a su pueblo y se compadece de los desamparados" (Is 49,13). "¡Salta de gozo, Sión; alégrate, Jerusalén! Mira que viene tu rey, justo y triunfador" (Za 9,9). Y no olvidemos la exhortación de Nehemías: "¡No os pongáis tristes; el gozo del Señor es vuestra fuerza!" (8,10).

124. María, que supo descubrir la novedad que Jesús traía, cantaba: "Se alegra mi espíritu en Dios, mi salvador" (Lc 1,47) y el mismo Jesús "se llenó de alegría en el Espíritu Santo" (Lc 10,21). Cuando él pasaba, "toda la gente se alegraba" (Lc 13,17). Después de su resurrección, donde llegaban los discípulos había una gran alegría (cf. Hch 8,8). A nosotros, Jesús nos da una seguridad: "Estaréis tristes, pero vuestra tristeza se convertirá en alegría. . . . Volveré a veros, y se alegrará vuestro corazón, y nadie os quitará vuestra alegría" (Jn 16,20.22). "Os he hablado de esto para que mi alegría esté en vosotros, y vuestra alegría llegue a plenitud" (Jn 15,11).

125. Hay momentos duros, tiempos de cruz, pero nada puede destruir la alegría sobrenatural, que "se adapta y se transforma, y siempre permanece al menos como un brote de luz que nace de la certeza

---

99 Sto. Tomás de Aquino, *Summa Theologiae* I-II, q.70, a.3.

personal de ser infinitamente amado, más allá de todo".[100] Es una seguridad interior, una serenidad esperanzada que brinda una satisfacción espiritual incomprensible para los parámetros mundanos.

126. Ordinariamente la alegría cristiana está acompañada del sentido del humor, tan destacado, por ejemplo, en santo Tomás Moro, en san Vicente de Paúl o en san Felipe Neri. El mal humor no es un signo de santidad: "Aparta de tu corazón la tristeza" (Qo 11,10). Es tanto lo que recibimos del Señor, "para que lo disfrutemos" (1 Tm 6,17), que a veces la tristeza tiene que ver con la ingratitud, con estar tan encerrado en sí mismo que uno se vuelve incapaz de reconocer los regalos de Dios.[101]

127. Su amor paterno nos invita: "Hijo, en cuanto te sea posible, cuida de ti mismo. . . . No te prives de pasar un día feliz" (Si 14,11.14). Nos quiere positivos, agradecidos y no demasiado complicados: "En tiempo de prosperidad disfruta. . . . Dios hizo a los humanos equilibrados, pero ellos se buscaron preocupaciones sin cuento" (Qo 7,14.29). En todo caso, hay que mantener un espíritu flexible, y hacer como san Pablo: "Yo he aprendido a bastarme con lo que tengo" (Flp 4,11). Es lo que vivía san Francisco de Asís, capaz de conmoverse de gratitud ante un pedazo de pan duro, o de alabar feliz a Dios solo por la brisa que acariciaba su rostro.

128. No estoy hablando de la alegría consumista e individualista tan presente en algunas experiencias culturales de hoy. Porque el

---

100 Exhort. ap. *Evangelii gaudium* (24 noviembre 2013), no. 6: AAS 105 (2013), 1221.

101 Recomiendo rezar la oración atribuida a santo Tomás Moro: "Concédeme, Señor, una buena digestión, y también algo que digerir. Concédeme la salud del cuerpo, con el buen humor necesario para mantenerla. Dame, Señor, un alma santa que sepa aprovechar lo que es bueno y puro, para que no se asuste ante el pecado, sino que encuentre el modo de poner las cosas de nuevo en orden. Concédeme un alma que no conozca el aburrimiento, las murmuraciones, los suspiros y los lamentos y no permitas que sufra excesivamente por esa cosa tan dominante que se llama yo. Dame, Señor, el sentido del humor. Concédeme la gracia de comprender las bromas, para que conozca en la vida un poco de alegría y pueda comunicársela a los demás. Así sea".

consumismo solo empacha el corazón; puede brindar placeres ocasionales y pasajeros, pero no gozo. Me refiero más bien a esa alegría que se vive en comunión, que se comparte y se reparte, porque "hay más dicha en dar que en recibir" (Hch 20,35) y "Dios ama al que da con alegría" (2 Co 9,7). El amor fraterno multiplica nuestra capacidad de gozo, ya que nos vuelve capaces de gozar con el bien de los otros: "Alegraos con los que están alegres" (Rm 12,15). "Nos alegramos siendo débiles, con tal de que vosotros seáis fuertes" (2 Co 13,9). En cambio, si "nos concentramos en nuestras propias necesidades, nos condenamos a vivir con poca alegría".[102]

AUDACIA Y FERVOR

129. Al mismo tiempo, la santidad es parresía: es audacia, es empuje evangelizador que deja una marca en este mundo. Para que sea posible, el mismo Jesús viene a nuestro encuentro y nos repite con serenidad y firmeza: "No tengáis miedo" (Mc 6,50). "Yo estoy con vosotros todos los días, hasta el final de los tiempos" (Mt 28,20). Estas palabras nos permiten caminar y servir con esa actitud llena de coraje que suscitaba el Espíritu Santo en los Apóstoles y los llevaba a anunciar a Jesucristo. Audacia, entusiasmo, hablar con libertad, fervor apostólico, todo eso se incluye en el vocablo parresía, palabra con la que la Biblia expresa también la libertad de una existencia que está abierta, porque se encuentra disponible para Dios y para los demás (cf. Hch 4,29; 9,28; 28,31; 2 Co 3,12; Ef 3,12; Hb 3,6; 10,19).

---

[102] Exhort. ap. postsin. *Amoris laetitia* (19 marzo 2016), no. 110: AAS 108 (2016), 354.

130. El beato Pablo VI mencionaba, entre los obstáculos de la evangelización, precisamente la carencia de parresía: "La falta de fervor, tanto más grave cuanto que viene de dentro".[103]

¡Cuántas veces nos sentimos tironeados a quedarnos en la comodidad de la orilla! Pero el Señor nos llama para navegar mar adentro y arrojar las redes en aguas más profundas (cf. Lc 5,4). Nos invita a gastar nuestra vida en su servicio. Aferrados a él nos animamos a poner todos nuestros carismas al servicio de los otros. Ojalá nos sintamos apremiados por su amor (cf. 2 Co 5,14) y podamos decir con san Pablo: "¡Ay de mí si no anuncio el Evangelio!" (1 Co 9,16).

131. Miremos a Jesús: su compasión entrañable no era algo que lo ensimismara, no era una compasión paralizante, tímida o avergonzada como muchas veces nos sucede a nosotros, sino todo lo contrario. Era una compasión que lo movía a salir de sí con fuerza para anunciar, para enviar en misión, para enviar a sanar y a liberar. Reconozcamos nuestra fragilidad pero dejemos que Jesús la tome con sus manos y nos lance a la misión. Somos frágiles, pero portadores de un tesoro que nos hace grandes y que puede hacer más buenos y felices a quienes lo reciban. La audacia y el coraje apostólico son constitutivos de la misión.

132. La *parresía* es sello del Espíritu, testimonio de la autenticidad del anuncio. Es feliz seguridad que nos lleva a gloriarnos del Evangelio que anunciamos, es confianza inquebrantable en la fidelidad del Testigo fiel, que nos da la seguridad de que nada "podrá separarnos del amor de Dios" (Rm 8,39).

---

103 Exhort. ap. *Evangelii nuntiandi* (8 diciembre 1975), no. 80: AAS 68 (1976), 73. Es interesante advertir que en este texto el beato Pablo VI une íntimamente la alegría a la *parresía*. Así como lamenta "la falta de alegría y de esperanza", exalta la "dulce y confortadora alegría de evangelizar" que está unida a "un ímpetu interior que nadie ni nada sea capaz de extinguir", para que el mundo no reciba el Evangelio "a través de evangelizadores tristes y desalentados". Durante el Año Santo de 1975, el mismo Pablo VI dedicó a la alegría la Exhortación Apostólica, *Gaudete in Domino* (9 mayo 1975): AAS 67 (1975), 289-322.

133. Necesitamos el empuje del Espíritu para no ser paralizados por el miedo y el cálculo, para no acostumbrarnos a caminar solo dentro de confines seguros. Recordemos que lo que está cerrado termina oliendo a humedad y enfermándonos. Cuando los Apóstoles sintieron la tentación de dejarse paralizar por los temores y peligros, se pusieron a orar juntos pidiendo la *parresía*: "Ahora, Señor, fíjate en sus amenazas y concede a tus siervos predicar tu palabra con toda valentía" (Hch 4,29). Y la respuesta fue que "al terminar la oración, tembló el lugar donde estaban reunidos; los llenó a todos el Espíritu Santo, y predicaban con valentía la palabra de Dios" (Hch 4,31).

134. Como el profeta Jonás, siempre llevamos latente la tentación de huir a un lugar seguro que puede tener muchos nombres: individualismo, espiritualismo, encerramiento en pequeños mundos, dependencia, instalación, repetición de esquemas ya prefijados, dogmatismo, nostalgia, pesimismo, refugio en las normas. Tal vez nos resistimos a salir de un territorio que nos era conocido y manejable. Sin embargo, las dificultades pueden ser como la tormenta, la ballena, el gusano que secó el ricino de Jonás, o el viento y el sol que le quemaron la cabeza; y lo mismo que para él, pueden tener la función de hacernos volver a ese Dios que es ternura y que quiere llevarnos a una itinerancia constante y renovadora.

135. Dios siempre es novedad, que nos empuja a partir una y otra vez y a desplazarnos para ir más allá de lo conocido, hacia las periferias y las fronteras. Nos lleva allí donde está la humanidad más herida y donde los seres humanos, por debajo de la apariencia de la superficialidad y el conformismo, siguen buscando la respuesta a la pregunta por el sentido de la vida. ¡Dios no tiene miedo! ¡No tiene miedo! Él va siempre más allá de nuestros esquemas y no le teme a las periferias. Él mismo se hizo periferia (cf. Flp 2,6-8; Jn 1,14). Por eso, si nos atrevemos a llegar a las periferias, allí lo encontraremos, él ya estará allí. Jesús nos primerea en el corazón de aquel hermano,

en su carne herida, en su vida oprimida, en su alma oscurecida. Él ya está allí.

136. Es verdad que hay que abrir la puerta del corazón a Jesucristo, porque él golpea y llama (cf. Ap 3,20). Pero a veces me pregunto si, por el aire irrespirable de nuestra autorreferencialidad, Jesús no estará ya dentro de nosotros golpeando para que lo dejemos salir. En el Evangelio vemos cómo Jesús "iba caminando de ciudad en ciudad y de pueblo en pueblo, proclamando y anunciando la Buena Noticia del reino de Dios" (Lc 8,1). También después de la resurrección, cuando los discípulos salieron a predicar por todas partes, "el Señor cooperaba confirmando la palabra con las señales que los acompañaban" (Mc 16,20). Esa es la dinámica que brota del verdadero encuentro.

137. La costumbre nos seduce y nos dice que no tiene sentido tratar de cambiar algo, que no podemos hacer nada frente a esta situación, que siempre ha sido así y que, sin embargo, sobrevivimos. A causa de ese acostumbrarnos ya no nos enfrentamos al mal y permitimos que las cosas "sean lo que son", o lo que algunos han decidido que sean. Pero dejemos que el Señor venga a despertarnos, a pegarnos un sacudón en nuestra modorra, a liberarnos de la inercia. Desafiemos la costumbre, abramos bien los ojos y los oídos, y sobre todo el corazón, para dejarnos descolocar por lo que sucede a nuestro alrededor y por el grito de la Palabra viva y eficaz del Resucitado.

138. Nos moviliza el ejemplo de tantos sacerdotes, religiosas, religiosos y laicos que se dedican a anunciar y a servir con gran fidelidad, muchas veces arriesgando sus vidas y ciertamente a costa de su comodidad. Su testimonio nos recuerda que la Iglesia no necesita tantos burócratas y funcionarios, sino misioneros apasionados, devorados por el entusiasmo de comunicar la verdadera vida. Los santos sorprenden, desinstalan, porque sus vidas nos invitan a salir de la mediocridad tranquila y anestesiante.

139. Pidamos al Señor la gracia de no vacilar cuando el Espíritu nos reclame que demos un paso adelante, pidamos el valor apostólico de comunicar el Evangelio a los demás y de renunciar a hacer de nuestra vida cristiana un museo de recuerdos. En todo caso, dejemos que el Espíritu Santo nos haga contemplar la historia en la clave de Jesús resucitado. De ese modo la Iglesia, en lugar de estancarse, podrá seguir adelante acogiendo las sorpresas del Señor.

EN COMUNIDAD

140. Es muy difícil luchar contra la propia concupiscencia y contra las asechanzas y tentaciones del demonio y del mundo egoísta si estamos aislados. Es tal el bombardeo que nos seduce que, si estamos demasiado solos, fácilmente perdemos el sentido de la realidad, la claridad interior, y sucumbimos.

141. La santificación es un camino comunitario, de dos en dos. Así lo reflejan algunas comunidades santas. En varias ocasiones la Iglesia ha canonizado a comunidades enteras que vivieron heroicamente el Evangelio o que ofrecieron a Dios la vida de todos sus miembros. Pensemos, por ejemplo, en los siete santos fundadores de la Orden de los Siervos de María, en las siete beatas religiosas del primer monasterio de la Visitación de Madrid, en san Pablo Miki y compañeros mártires en Japón, en san Andrés Kim Taegon y compañeros mártires en Corea, en san Roque González, san Alfonso Rodríguez y compañeros mártires en Sudamérica. También recordemos el reciente testimonio de los beatos monjes trapenses de Tibhirine (Argelia), que se prepararon juntos para el martirio. Del mismo modo, hay muchos matrimonios santos, donde cada uno fue un instrumento de Cristo para la santificación del cónyuge. Vivir o trabajar con otros es sin duda un camino de desarrollo espiritual.

San Juan de la Cruz decía a un discípulo: estás viviendo con otros "para que te labren y ejerciten".[104]

142. La comunidad está llamada a crear ese "espacio teologal en el que se puede experimentar la presencia mística del Señor resucitado".[105] Compartir la Palabra y celebrar juntos la Eucaristía nos hace más hermanos y nos va convirtiendo en comunidad santa y misionera. Esto da lugar también a verdaderas experiencias místicas vividas en comunidad, como fue el caso de san Benito y santa Escolástica, o aquel sublime encuentro espiritual que vivieron juntos san Agustín y su madre santa Mónica: "Cuando ya se acercaba el día de su muerte —día por ti conocido, y que nosotros ignorábamos—, sucedió, por tus ocultos designios, como lo creo firmemente, que nos encontramos ella y yo solos, apoyados en una ventana que daba al jardín interior de la casa donde nos hospedábamos. . . . Y abríamos la boca de nuestro corazón, ávidos de las corrientes de tu fuente, la fuente de vida que hay en ti. . . . Y mientras estamos hablando y suspirando por ella [la sabiduría], llegamos a tocarla un poco con todo el ímpetu de nuestro corazón . . . de modo que fuese la vida sempiterna cual fue este momento de intuición por el cual suspiramos".[106]

143. Pero estas experiencias no son lo más frecuente, ni lo más importante. La vida comunitaria, sea en la familia, en la parroquia, en la comunidad religiosa o en cualquier otra, está hecha de muchos pequeños detalles cotidianos. Esto ocurría en la comunidad santa que formaron Jesús, María y José, donde se reflejó de manera paradigmática la belleza de la comunión trinitaria. También es lo que sucedía en la vida comunitaria que Jesús llevó con sus discípulos y con el pueblo sencillo.

---

104 *Cautelas*, 15.

105 S. Juan Pablo II, Exhort. ap. postsin. *Vita consecrata* (25 marzo 1996), no. 42: AAS 88 (1996), 416.

106 *Confesiones*, IX, 10, 23-25: PL 32, 773-775.

144. Recordemos cómo Jesús invitaba a sus discípulos a prestar atención a los detalles.

El pequeño detalle de que se estaba acabando el vino en una fiesta.

El pequeño detalle de que faltaba una oveja.

El pequeño detalle de la viuda que ofreció sus dos moneditas.

El pequeño detalle de tener aceite de repuesto para las lámparas por si el novio se demora.

El pequeño detalle de pedir a sus discípulos que vieran cuántos panes tenían.

El pequeño detalle de tener un fueguito preparado y un pescado en la parrilla mientras esperaba a los discípulos de madrugada.

145. La comunidad que preserva los pequeños detalles del amor,[107] donde los miembros se cuidan unos a otros y constituyen un espacio abierto y evangelizador, es lugar de la presencia del Resucitado que la va santificando según el proyecto del Padre. A veces, por un don del amor del Señor, en medio de esos pequeños detalles se nos regalan consoladoras experiencias de Dios: "Una tarde de invierno estaba yo cumpliendo, como de costumbre, mi dulce tarea. . . . De pronto, oí a lo lejos el sonido armonioso de un instrumento musical. Entonces me imaginé un salón muy bien iluminado, todo resplandeciente de ricos dorados; y en él, señoritas elegantemente vestidas, prodigándose mutuamente cumplidos y cortesías mundanas. Luego posé la mirada en la pobre enferma, a quien sostenía. En lugar de una melodía, escuchaba de vez en cuando sus gemidos lastimeros. . . . No puedo expresar lo que pasó por mi alma. Lo único que sé es que el Señor la iluminó con los rayos de la verdad, los

---

[107] Especialmente recuerdo las tres palabras clave "permiso, gracias, perdón", porque "las palabras adecuadas, dichas en el momento justo, protegen y alimentan el amor día tras día": Exhort. ap. postsin. *Amoris laetitia* (19 marzo 2016), no. 133: AAS 108 (2016), 363.

cuales sobrepasaban de tal modo el brillo tenebroso de las fiestas de la tierra, que no podía creer en mi felicidad".[108]

146. En contra de la tendencia al individualismo consumista que termina aislándonos en la búsqueda del bienestar al margen de los demás, nuestro camino de santificación no puede dejar de identificarnos con aquel deseo de Jesús: "Que todos sean uno, como tú Padre en mí y yo en ti" (Jn 17,21).

EN ORACIÓN CONSTANTE

147. Finalmente, aunque parezca obvio, recordemos que la santidad está hecha de una apertura habitual a la trascendencia, que se expresa en la oración y en la adoración. El santo es una persona con espíritu orante, que necesita comunicarse con Dios. Es alguien que no soporta asfixiarse en la inmanencia cerrada de este mundo, y en medio de sus esfuerzos y entregas suspira por Dios, sale de sí en la alabanza y amplía sus límites en la contemplación del Señor. No creo en la santidad sin oración, aunque no se trate necesariamente de largos momentos o de sentimientos intensos.

148. San Juan de la Cruz recomendaba "procurar andar siempre en la presencia de Dios, sea real, imaginaria o unitiva, de acuerdo con lo que le permitan las obras que esté haciendo".[109] En el fondo, es el deseo de Dios que no puede dejar de manifestarse de alguna manera en medio de nuestra vida cotidiana: "Procure ser continuo en la oración, y en medio de los ejercicios corporales no la deje. Sea que coma, beba, hable con otros, o haga cualquier cosa, siempre ande deseando a Dios y apegando a él su corazón".[110]

---

108 Sta. Teresa de Lisieux, *Manuscrito C*, 29v-30r.
109 *Grados de perfección*, 2.
110 Id., *Avisos a un religioso para alcanzar la perfección*, 9b.

149. No obstante, para que esto sea posible, también son necesarios algunos momentos solo para Dios, en soledad con él. Para santa Teresa de Ávila la oración es "tratar de amistad estando muchas veces a solas con quien sabemos nos ama".[111] Quisiera insistir que esto no es solo para pocos privilegiados, sino para todos, porque "todos tenemos necesidad de este silencio penetrado de presencia adorada".[112] La oración confiada es una reacción del corazón que se abre a Dios frente a frente, donde se hacen callar todos los rumores para escuchar la suave voz del Señor que resuena en el silencio.

150. En ese silencio es posible discernir, a la luz del Espíritu, los caminos de santidad que el Señor nos propone. De otro modo, todas nuestras decisiones podrán ser solamente "decoraciones" que, en lugar de exaltar el Evangelio en nuestras vidas, lo recubrirán o lo ahogarán. Para todo discípulo es indispensable estar con el Maestro, escucharle, aprender de él, siempre aprender. Si no escuchamos, todas nuestras palabras serán únicamente ruidos que no sirven para nada.

151. Recordemos que "es la contemplación del rostro de Jesús muerto y resucitado la que recompone nuestra humanidad, también la que está fragmentada por las fatigas de la vida, o marcada por el pecado. No hay que domesticar el poder del rostro de Cristo".[113] Entonces, me atrevo a preguntarte: ¿Hay momentos en los que te pones en su presencia en silencio, permaneces con él sin prisas, y te dejas mirar por él? ¿Dejas que su fuego inflame tu corazón? Si no le permites que él alimente el calor de su amor y de su ternura, no tendrás fuego, y así ¿cómo podrás inflamar el corazón de los demás con tu testimonio y tus palabras? Y si ante el rostro de Cristo todavía no

---

111 *Libro de la Vida*, 8, 5.

112 S. Juan Pablo II, Carta ap. *Orientale lumen* (2 mayo 1995), no. 16: AAS 87 (1995), 762.

113 *Discurso en el V Congreso de la Iglesia italiana*, Florencia (10 noviembre 2015): AAS 107 (2015), 1284.

logras dejarte sanar y transformar, entonces penetra en las entrañas del Señor, entra en sus llagas, porque allí tiene su sede la misericordia divina.[114]

152. Pero ruego que no entendamos el silencio orante como una evasión que niega el mundo que nos rodea. El "peregrino ruso", que caminaba en oración continua, cuenta que esa oración no lo separaba de la realidad externa: "Cuando me encontraba con la gente, me parecía que eran todos tan amables como si fueran mi propia familia. . . . Y la felicidad no solamente iluminaba el interior de mi alma, sino que el mundo exterior me aparecía bajo un aspecto maravilloso".[115]

153. Tampoco la historia desaparece. La oración, precisamente porque se alimenta del don de Dios que se derrama en nuestra vida, debería ser siempre memoriosa. La memoria de las acciones de Dios está en la base de la experiencia de la alianza entre Dios y su pueblo. Si Dios ha querido entrar en la historia, la oración está tejida de recuerdos. No solo del recuerdo de la Palabra revelada, sino también de la propia vida, de la vida de los demás, de lo que el Señor ha hecho en su Iglesia. Es la memoria agradecida de la que también habla san Ignacio de Loyola en su "Contemplación para alcanzar amor",[116] cuando nos pide que traigamos a la memoria todos los beneficios que hemos recibido del Señor. Mira tu historia cuando ores y en ella encontrarás tanta misericordia. Al mismo tiempo esto alimentará tu consciencia de que el Señor te tiene en su memoria y nunca te olvida. Por consiguiente, tiene sentido pedirle que ilumine aun los pequeños detalles de tu existencia, que a él no se le escapan.

154. La súplica es expresión del corazón que confía en Dios, que sabe que solo no puede. En la vida del pueblo fiel de Dios encontramos

---

114 Cf. S. Bernardo, *Sermones sobre el Cantar de los Cantares* 61, 3-5: PL 183, 1071-1073.
115 *Relatos de un peregrino ruso*, Buenos Aires 1990, 25.96.
116 Cf. *Ejercicios espirituales*, 230-237.

mucha súplica llena de ternura creyente y de profunda confianza. No quitemos valor a la oración de petición, que tantas veces nos serena el corazón y nos ayuda a seguir luchando con esperanza. La súplica de intercesión tiene un valor particular, porque es un acto de confianza en Dios y al mismo tiempo una expresión de amor al prójimo. Algunos, por prejuicios espiritualistas, creen que la oración debería ser una pura contemplación de Dios, sin distracciones, como si los nombres y los rostros de los hermanos fueran una perturbación a evitar. Al contrario, la realidad es que la oración será más agradable a Dios y más santificadora si en ella, por la intercesión, intentamos vivir el doble mandamiento que nos dejó Jesús. La intercesión expresa el compromiso fraterno con los otros cuando en ella somos capaces de incorporar la vida de los demás, sus angustias más perturbadoras y sus mejores sueños. De quien se entrega generosamente a interceder puede decirse con las palabras bíblicas: "Este es el que ama a sus hermanos, el que ora mucho por el pueblo" (2 M 15,14).

155. Si de verdad reconocemos que Dios existe no podemos dejar de adorarlo, a veces en un silencio lleno de admiración, o de cantarle en festiva alabanza. Así expresamos lo que vivía el beato Carlos de Foucauld cuando dijo: "Apenas creí que Dios existía, comprendí que solo podía vivir para él".[117] También en la vida del pueblo peregrino hay muchos gestos simples de pura adoración, como por ejemplo cuando "la mirada del peregrino se deposita sobre una imagen que simboliza la ternura y la cercanía de Dios. El amor se detiene, contempla el misterio, lo disfruta en silencio".[118]

156. La lectura orante de la Palabra de Dios, más dulce que la miel (cf. Sal 119,103) y "espada de doble filo" (Hb 4,12), nos permite detenernos a escuchar al Maestro para que sea lámpara para nuestros

---

117 *Carta a Henry de Castries* (14 agosto 1901).

118 V Conferencia General del Episcopado Latinoamericano y del Caribe, *Documento de Aparecida* (29 junio 2007), 259.

pasos, luz en nuestro camino (cf. Sal 119,105). Como bien nos recordaron los Obispos de India: "La devoción a la Palabra de Dios no es solo una de muchas devociones, hermosa pero algo opcional. Pertenece al corazón y a la identidad misma de la vida cristiana. La Palabra tiene en sí el poder para transformar las vidas".[119]

157. El encuentro con Jesús en las Escrituras nos lleva a la Eucaristía, donde esa misma Palabra alcanza su máxima eficacia, porque es presencia real del que es la Palabra viva. Allí, el único Absoluto recibe la mayor adoración que puede darle esta tierra, porque es el mismo Cristo quien se ofrece. Y cuando lo recibimos en la comunión, renovamos nuestra alianza con él y le permitimos que realice más y más su obra transformadora.

---

[119] Conferencia de Obispos Católicos de India, *Declaración final de la XXI Asamblea plenaria* (18 febrero 2009), 3.2.

CAPÍTULO QUINTO
Combate, vigilancia y discernimiento

158. La vida cristiana es un combate permanente. Se requieren fuerza y valentía para resistir las tentaciones del diablo y anunciar el Evangelio. Esta lucha es muy bella, porque nos permite celebrar cada vez que el Señor vence en nuestra vida.

EL COMBATE Y LA VIGILANCIA

159. No se trata solo de un combate contra el mundo y la mentalidad mundana, que nos engaña, nos atonta y nos vuelve mediocres sin compromiso y sin gozo. Tampoco se reduce a una lucha contra la propia fragilidad y las propias inclinaciones (cada uno tiene la suya: la pereza, la lujuria, la envidia, los celos, y demás). Es también una lucha constante contra el diablo, que es el príncipe del mal. Jesús mismo festeja nuestras victorias. Se alegraba cuando sus discípulos lograban avanzar en el anuncio del Evangelio, superando la oposición del Maligno, y celebraba: "Estaba viendo a Satanás caer del cielo como un rayo" (Lc 10,18).

Algo más que un mito

160. No aceptaremos la existencia del diablo si nos empeñamos en mirar la vida solo con criterios empíricos y sin sentido sobrenatural. Precisamente, la convicción de que este poder maligno está entre nosotros, es lo que nos permite entender por qué a veces el mal tiene tanta fuerza destructiva. Es verdad que los autores bíblicos tenían un bagaje conceptual limitado para expresar algunas realidades y que

en tiempos de Jesús se podía confundir, por ejemplo, una epilepsia con la posesión del demonio. Sin embargo, eso no debe llevarnos a simplificar tanto la realidad diciendo que todos los casos narrados en los evangelios eran enfermedades psíquicas y que en definitiva el demonio no existe o no actúa. Su presencia está en la primera página de las Escrituras, que acaban con la victoria de Dios sobre el demonio.[120] De hecho, cuando Jesús nos dejó el Padrenuestro quiso que termináramos pidiendo al Padre que nos libere del Malo. La expresión utilizada allí no se refiere al mal en abstracto y su traducción más precisa es "el Malo". Indica un ser personal que nos acosa. Jesús nos enseñó a pedir cotidianamente esa liberación para que su poder no nos domine.

161. Entonces, no pensemos que es un mito, una representación, un símbolo, una figura o una idea.[121] Ese engaño nos lleva a bajar los brazos, a descuidarnos y a quedar más expuestos. Él no necesita poseernos. Nos envenena con el odio, con la tristeza, con la envidia, con los vicios. Y así, mientras nosotros bajamos la guardia, él aprovecha para destruir nuestra vida, nuestras familias y nuestras comunidades, porque "como león rugiente, ronda buscando a quien devorar" (1 P 5,8).

Despiertos y confiados

162. La Palabra de Dios nos invita claramente a "afrontar las asechanzas del diablo" (Ef 6,11) y a detener "las flechas incendiarias

---

120 Cf. *Homilía en la Misa de la Casa Santa Marta* (11 octubre 2013): *L'Osservatore Romano*, ed. semanal en lengua española (18 octubre 2013), p. 12.

121 Cf. B. Pablo VI, *Catequesis* (15 noviembre 1972): *Ecclesia* (1972/II), 1605: "Una de las necesidades mayores es la defensa de aquel mal que llamamos Demonio.... El mal no es solamente una deficiencia, sino una eficiencia, un ser vivo, espiritual, pervertido y pervertidor. Terrible realidad. Misteriosa y pavorosa. Se sale del cuadro de la enseñanza bíblica y eclesiástica quien se niega a reconocer su existencia; o bien quien hace de ella un principio que existe por sí y que no tiene, como cualquier otra criatura, su origen en Dios; o bien la explica como una pseudorrealidad, una personificación conceptual y fantástica de las causas desconocidas de nuestras desgracias".

del maligno" (Ef 6,16). No son palabras románticas, porque nuestro camino hacia la santidad es también una lucha constante. Quien no quiera reconocerlo se verá expuesto al fracaso o a la mediocridad. Para el combate tenemos las armas poderosas que el Señor nos da: la fe que se expresa en la oración, la meditación de la Palabra de Dios, la celebración de la Misa, la adoración eucarística, la reconciliación sacramental, las obras de caridad, la vida comunitaria, el empeño misionero. Si nos descuidamos nos seducirán fácilmente las falsas promesas del mal, porque, como decía el santo cura Brochero, "¿qué importa que Lucifer os prometa liberar y aun os arroje al seno de todos sus bienes, si son bienes engañosos, si son bienes envenenados?".[122]

163. En este camino, el desarrollo de lo bueno, la maduración espiritual y el crecimiento del amor son el mejor contrapeso ante el mal. Nadie resiste si opta por quedarse en un punto muerto, si se conforma con poco, si deja de soñar con ofrecerle al Señor una entrega más bella. Menos aún si cae en un espíritu de derrota, porque "el que comienza sin confiar perdió de antemano la mitad de la batalla y entierra sus talentos. . . . El triunfo cristiano es siempre una cruz, pero una cruz que al mismo tiempo es bandera de victoria, que se lleva con una ternura combativa ante los embates del mal".[123]

La corrupción espiritual

164. El camino de la santidad es una fuente de paz y de gozo que nos regala el Espíritu, pero al mismo tiempo requiere que estemos "con las lámparas encendidas" (Lc 12,35) y permanezcamos atentos: "Guardaos de toda clase de mal" (1 Ts 5,22). "Estad en vela" (Mt 24,42; cf. Mc 13,35). "No nos entreguemos al sueño" (1 Ts 5,6). Porque quienes sienten que no cometen faltas graves contra la Ley de Dios, pueden descuidarse en una especie de atontamiento o

---

122 S. José Gabriel del Rosario Brochero, *Plática de las banderas*, en Conferencia Episcopal Argentina, *El Cura Brochero. Cartas y sermones*, Buenos Aires 1999, 71.
123 Exhort. ap. *Evangelii gaudium* (24 noviembre 2013), no. 85: AAS 105 (2013), 1056.

adormecimiento. Como no encuentran algo grave que reprocharse, no advierten esa tibieza que poco a poco se va apoderando de su vida espiritual y terminan desgastándose y corrompiéndose.

165. La corrupción espiritual es peor que la caída de un pecador, porque se trata de una ceguera cómoda y autosuficiente donde todo termina pareciendo lícito: el engaño, la calumnia, el egoísmo y tantas formas sutiles de autorreferencialidad, ya que "el mismo Satanás se disfraza de ángel de luz" (2 Co 11,14). Así acabó sus días Salomón, mientras el gran pecador David supo remontar su miseria. En un relato, Jesús nos advirtió acerca de esta tentación engañosa que nos va deslizando hacia la corrupción: menciona una persona liberada del demonio que, pensando que su vida ya estaba limpia, terminó poseída por otros siete espíritus malignos (cf. Lc 11,24-26). Otro texto bíblico utiliza una imagen fuerte: "El perro vuelve a su propio vómito" (2 P 2,22; cf. Pr 26,11).

EL DISCERNIMIENTO

166. ¿Cómo saber si algo viene del Espíritu Santo o si su origen está en el espíritu del mundo o en el espíritu del diablo? La única forma es el discernimiento, que no supone solamente una buena capacidad de razonar o un sentido común, es también un don que hay que pedir. Si lo pedimos confiadamente al Espíritu Santo, y al mismo tiempo nos esforzamos por desarrollarlo con la oración, la reflexión, la lectura y el buen consejo, seguramente podremos crecer en esta capacidad espiritual.

Una necesidad imperiosa

167. Hoy día, el hábito del discernimiento se ha vuelto particularmente necesario. Porque la vida actual ofrece enormes posibilidades de acción y de distracción, y el mundo las presenta como si fueran

todas válidas y buenas. Todos, pero especialmente los jóvenes, están expuestos a un *zapping* constante. Es posible navegar en dos o tres pantallas simultáneamente e interactuar al mismo tiempo en diferentes escenarios virtuales. Sin la sabiduría del discernimiento podemos convertirnos fácilmente en marionetas a merced de las tendencias del momento.

168. Esto resulta especialmente importante cuando aparece una novedad en la propia vida, y entonces hay que discernir si es el vino nuevo que viene de Dios o es una novedad engañosa del espíritu del mundo o del espíritu del diablo. En otras ocasiones sucede lo contrario, porque las fuerzas del mal nos inducen a no cambiar, a dejar las cosas como están, a optar por el inmovilismo o la rigidez. Entonces impedimos que actúe el soplo del Espíritu. Somos libres, con la libertad de Jesucristo, pero él nos llama a examinar lo que hay dentro de nosotros —deseos, angustias, temores, búsquedas— y lo que sucede fuera de nosotros —los "signos de los tiempos"— para reconocer los caminos de la libertad plena: "Examinadlo todo; quedaos con lo bueno" (1 Ts 5,21).

Siempre a la luz del Señor

169. El discernimiento no solo es necesario en momentos extraordinarios, o cuando hay que resolver problemas graves, o cuando hay que tomar una decisión crucial. Es un instrumento de lucha para seguir mejor al Señor. Nos hace falta siempre, para estar dispuestos a reconocer los tiempos de Dios y de su gracia, para no desperdiciar las inspiraciones del Señor, para no dejar pasar su invitación a crecer. Muchas veces esto se juega en lo pequeño, en lo que parece irrelevante, porque la magnanimidad se muestra en lo simple y en lo cotidiano.[124] Se trata de no tener límites para lo grande, para

---

124 En la tumba de san Ignacio de Loyola se encuentra este sabio epitafio: "Non coerceri a maximo, contineri tamen a minimo divinum est" (Es divino no asustarse por las cosas grandes y a la vez estar atento a lo más pequeño).

lo mejor y más bello, pero al mismo tiempo concentrados en lo pequeño, en la entrega de hoy. Por tanto, pido a todos los cristianos que no dejen de hacer cada día, en diálogo con el Señor que nos ama, un sincero "examen de conciencia". Al mismo tiempo, el discernimiento nos lleva a reconocer los medios concretos que el Señor predispone en su misterioso plan de amor, para que no nos quedemos solo en las buenas intenciones.

Un don sobrenatural

170. Es verdad que el discernimiento espiritual no excluye los aportes de sabidurías humanas, existenciales, psicológicas, sociológicas o morales. Pero las trasciende. Ni siquiera le bastan las sabias normas de la Iglesia. Recordemos siempre que el discernimiento es una gracia. Aunque incluya la razón y la prudencia, las supera, porque se trata de entrever el misterio del proyecto único e irrepetible que Dios tiene para cada uno y que se realiza en medio de los más variados contextos y límites. No está en juego solo un bienestar temporal, ni la satisfacción de hacer algo útil, ni siquiera el deseo de tener la conciencia tranquila. Está en juego el sentido de mi vida ante el Padre que me conoce y me ama, el verdadero para qué de mi existencia que nadie conoce mejor que él. El discernimiento, en definitiva, conduce a la fuente misma de la vida que no muere, es decir, conocer al Padre, el único Dios verdadero, y al que ha enviado: Jesucristo (cf. Jn 17,3). No requiere de capacidades especiales ni está reservado a los más inteligentes o instruidos, y el Padre se manifiesta con gusto a los humildes (cf. Mt 11,25).

171. Si bien el Señor nos habla de modos muy variados en medio de nuestro trabajo, a través de los demás, y en todo momento, no es posible prescindir del silencio de la oración detenida para percibir mejor ese lenguaje, para interpretar el significado real de las inspiraciones que creímos recibir, para calmar las ansiedades y recomponer el conjunto de la propia existencia a la luz de Dios. Así podemos

dejar nacer esa nueva síntesis que brota de la vida iluminada por el Espíritu.

Habla, Señor

172. Sin embargo, podría ocurrir que en la misma oración evitemos dejarnos confrontar por la libertad del Espíritu, que actúa como quiere. Hay que recordar que el discernimiento orante requiere partir de una disposición a escuchar: al Señor, a los demás, a la realidad misma que siempre nos desafía de maneras nuevas. Solo quien está dispuesto a escuchar tiene la libertad para renunciar a su propio punto de vista parcial o insuficiente, a sus costumbres, a sus esquemas. Así está realmente disponible para acoger un llamado que rompe sus seguridades pero que lo lleva a una vida mejor, porque no basta que todo vaya bien, que todo esté tranquilo. Dios puede estar ofreciendo algo más, y en nuestra distracción cómoda no lo reconocemos.

173. Tal actitud de escucha implica, por cierto, obediencia al Evangelio como último criterio, pero también al Magisterio que lo custodia, intentando encontrar en el tesoro de la Iglesia lo que sea más fecundo para el hoy de la salvación. No se trata de aplicar recetas o de repetir el pasado, ya que las mismas soluciones no son válidas en toda circunstancia y lo que era útil en un contexto puede no serlo en otro. El discernimiento de espíritus nos libera de la rigidez, que no tiene lugar ante el perenne hoy del Resucitado. Únicamente el Espíritu sabe penetrar en los pliegues más oscuros de la realidad y tener en cuenta todos sus matices, para que emerja con otra luz la novedad del Evangelio.

La lógica del don y de la cruz

174. Una condición esencial para el progreso en el discernimiento es educarse en la paciencia de Dios y en sus tiempos, que nunca son los nuestros. Él no hace caer fuego sobre los infieles (cf. Lc 9,54), ni permite a los celosos "arrancar la cizaña" que crece junto al trigo (cf. Mt 13,29). También se requiere generosidad, porque "hay más dicha en dar que en recibir" (Hch 20,35). No se discierne para descubrir qué más le podemos sacar a esta vida, sino para reconocer cómo podemos cumplir mejor esa misión que se nos ha confiado en el Bautismo, y eso implica estar dispuestos a renuncias hasta darlo todo. Porque la felicidad es paradójica y nos regala las mejores experiencias cuando aceptamos esa lógica misteriosa que no es de este mundo, como decía san Buenaventura refiriéndose a la cruz: "Esta es nuestra lógica".[125] Si uno asume esta dinámica, entonces no deja anestesiar su conciencia y se abre generosamente al discernimiento.

175. Cuando escrutamos ante Dios los caminos de la vida, no hay espacios que queden excluidos. En todos los aspectos de la existencia podemos seguir creciendo y entregarle algo más a Dios, aun en aquellos donde experimentamos las dificultades más fuertes. Pero hace falta pedirle al Espíritu Santo que nos libere y que expulse ese miedo que nos lleva a vedarle su entrada en algunos aspectos de la propia vida. El que lo pide todo también lo da todo, y no quiere entrar en nosotros para mutilar o debilitar sino para plenificar. Esto nos hace ver que el discernimiento no es un autoanálisis ensimismado, una introspección egoísta, sino una verdadera salida de nosotros mismos hacia el misterio de Dios, que nos ayuda a vivir la misión a la cual nos ha llamado para el bien de los hermanos.

***

---

125 *Colaciones sobre el Hexaemeron*, 1, 30.

176. Quiero que María corone estas reflexiones, porque ella vivió como nadie las bienaventuranzas de Jesús. Ella es la que se estremecía de gozo en la presencia de Dios, la que conservaba todo en su corazón y se dejó atravesar por la espada. Es la santa entre los santos, la más bendita, la que nos enseña el camino de la santidad y nos acompaña. Ella no acepta que nos quedemos caídos y a veces nos lleva en sus brazos sin juzgarnos. Conversar con ella nos consuela, nos libera y nos santifica. La Madre no necesita de muchas palabras, no le hace falta que nos esforcemos demasiado para explicarle lo que nos pasa. Basta musitar una y otra vez: "Dios te salve, María . . .".

177. Espero que estas páginas sean útiles para que toda la Iglesia se dedique a promover el deseo de la santidad. Pidamos que el Espíritu Santo infunda en nosotros un intenso anhelo de ser santos para la mayor gloria de Dios y alentémonos unos a otros en este intento. Así compartiremos una felicidad que el mundo no nos podrá quitar.

Dado en Roma, junto a San Pedro, el 19 de marzo, Solemnidad de San José, del año 2018, sexto de mi Pontificado.

Franciscus

GNOSTICISMO
Doctrina Religiosa esotérica y ~~herética~~ → ultimo herética
Conocimiento Intuitivo, Misterioso

PELAGIANISMO
una de las doctrinas cristianas, que se
ha considerado como herejía cristiana
contradice muchas escrituras